»Aber für uns könnte ja die Zeit stehenbleiben ...«

Artur Brauner und Curth Flatow

»Aber für uns könnte ja die Zeit stehenbleiben …«

Ein Briefwechsel

B|S
&
BOSTELMANN & SIEBENHAAR

Bildnachweis

S. 81, 82, 83, 84 u., 85 o., 86, 87: Archiv Brauner; S. 84 o.: © Ullstein Bilderdienst; S. 85 u.: © Peter Bischoff; S. 88 und Umschlag (Artur Brauner): © Helga Simon; S. 89, 90, 91, 92, 93, 94 o., 95 u.: Archiv Flatow; S. 94 u.: © Rainer Adolph; S. 95 o.: © Hans-Peter Kruse; S. 96 und Umschlag (Curth Flatow): © Siegfried Purschke, BZ.

1. Auflage 2001

© BuS Bostelmann & Siebenhaar Verlag, Berlin

Satz und Lithographie: LVD GmbH, Berlin
Umschlaggestaltung: nawim96
Druck und Bindung: Offizin Andersen Nexö Leipzig

ISBN 3–934189–67–9

Inhalt

Klaus Siebenhaar

Die Zwei
Szenen aus dem Grunewald

Spätsommer. Terrasse im Grunewald. Kaffee und Kuchen, Artur Brauner und Curth Flatow, dreiundachtzig Jahre der eine, einundachtzig Jahre der andere – der Holzgroßhändlersohn aus Łodz und der Sprößling eines kleinen Entertainers aus Berlin. Zwei Legenden aus schillernden Unterhaltungswelten: Kintopp und Boulevard, der Produzent und sein Drehbuchautor, einer der erfolgreichsten deutschen Filmschaffenden und einer der bedeutendsten deutschen Komödienschreiber der Nachkriegszeit – ein Traumpaar, als hätten sie für Neil Simon Pate zu den »Sunny Boys« gestanden.

»Genau wie früher«, sagt Flatow und blinzelt in die milde Nachmittagssonne, »er ist der alte Junge geblieben.« Man kennt sich gut, weil man über fünfzig Jahre, präzise seit 1946/47, fast sein ganzes Leben lang also, miteinander zu tun hatte. Zusammen repräsentieren sie ein gewichtiges Stück Berliner Nachkriegsgeschichte von der Trümmerstadt bis zum ›Neuen Berlin‹. Sie haben viel erlebt, gemeinsam und auf getrennten Pfaden. Verlorengegangen sind sie sich nie, auch wenn ihre Beziehung selten ein Thema für die Öffentlichkeit war! Freundschaftliche Bindungen halten besser, wenn jeder sein eigener Herr ist, denn Abhängigkeiten schaden nur.

»Wo ist denn hier nochmal der See?«, fragt jetzt Flatow. »Sie haben auch alles vergessen! Da unten, hinter den Bäumen natürlich!«, antwortet Brauner unwirsch und schenkt den Kaffee ein. Zwei Lebenskluge, die sich nichts mehr vormachen müssen, nach wie vor aber miteinander »spielen« und auf ewig beim »Sie« bleiben werden. Distanzierte Nähe eben. Zwei Protagonisten, der eine mit Spazierstock (»Ich habe Gleichgewichtsstörungen!«), der andere scherzhaft humpelnd, weil er, wie er sagt, »ein leichtes Mädchen hochgehoben« habe. Routiniertes Staunen in der Runde.

Die Rollen sind seit Jahrzehnten klar verteilt zwischen Autor und Produzent, beide haben Spaß dabei – der ewige Filmmogul und Partylöwe, charmant, aber kostenbewußt, süchtig nach immer neuen Lebensbühnen; und der verschmitzte Poet mit dem scharfen

Blick für's Menschliche, der nicht unbedingt mehr den Glanz der Scheinwerfer sucht. Familienmenschen sind sie beide, auf verständnisvolle Frauen können Artur, genannt ›Atze‹, Brauner wie Curth Flatow bauen, das beruhigt. Ebenso der Stolz auf wohlgeratene Kinder und Enkel.

Auf der Terrasse im Grunewald reifen derweil die Vorbereitungen für die Buchausgabe. Artur Brauner hat jetzt seinen Schuhkasten mit Fotos auf den Tisch gestellt, während Flatow über den Puder der Schauspieler auf seinem Jackett bei der letzten Premiere räsoniert. Das zärtliche Duell der »Zwei« geht in die nächste Runde: »Im Unterschied zu Ihnen«, sagt Brauner, »sind meine Witze alle von mir selber! Die habe ich nicht von meinem Vater, so wie sie!« Flatow lächelt milde und befreit seine Hose von den Krümeln des Schokoladenkuchens. Wie so oft läßt ihn die kleine Invektive kalt, ihn interessieren die Fotos aus der Schuhkiste mehr.

Die angenehm wärmende Atmosphäre läßt Bilder aus der Vergangenheit aufscheinen. Artur Brauner wird melancholisch: »Wo sind die Zeiten, als wir hier getanzt haben – die Romy, der Curd und der Kirk?« Sein Blick schweift über die Terrasse. Einen Moment Stille. Abschiedsstimmung. Curth Flatow wird zum spitzbübischen Seelentröster: »Für Sie ist doch die Zeit wirklich stehengeblieben. Sie sind noch genau wie früher – da hätten Sie ohne weiteres den James Bond spielen können!« Die Antwort fällt lapidar aus: »Sie werden sich noch wundern …«

Im Alter wird das Alter zum beherrschenden Thema. Zunehmende körperliche Gebrechen werden durch selige Erinnerungen gemildert, das gelebte Leben schiebt sich mit Nachdruck vor die schwindende Zeit. »Entmachtet und geachtet« lautet eine gängige literarische Formel über das Alter, für Brauner & Flatow konnte sich diese hübsch-häßliche Perspektive nie stellen, zumindest in ihrem ersten Teil nicht. Denn sie haben nicht aufgehört zu arbeiten, sie produzieren und schreiben, feiern ihre Premieren im Kino und auf der Bühne, sind voller Pläne, auch wenn »meine Stücke besser laufen als ich« (Flatow). Sie können es nicht lassen.

Tempi passati, aber die Selbstironie und Melancholie des Alters verschleiert nicht den Blick für das Gegenwärtige. Dazu sind »die Zwei« auch zu ernste Naturen, wiewohl sie auf fast tragische Weise in den Rollenklischees ihres Erfolges verfangen erscheinen. Man kennt das aus der Literatur-, Kunst-, Theater- und Filmgeschichte: Wer auf's komische oder populäre Fach öffentlich festgelegt wird, dem will man sein ernstes Anliegen nur schwer abnehmen. Es interessiert weniger – sehr zum Leidwesen der Betroffenen.

Artur Brauners Leben steht im Zeichen des Holocaust, und er wird nie aufhören, für diese schreckliche Erfahrung nicht nur um künstlerische Anerkennung zu kämpfen. Ob »Die Weiße Rose«, »Hitlerjunge Salomon« oder sein nächster Film über das Massaker von »Babij Jar« – Artur Brauner kann und will von dieser Vergangenheit nicht abrücken, Aufarbeitung, Erinnerung und Mahnung sind ihm existentielles Anliegen. Und Curth Flatow, der »Halbjude«, weiß, was Brauner dabei treibt. Auch von ihm, dem Meister des Boulevards und der Familienserien, mag kaum einer ›Ernstes‹ ernsthaft zur Kenntnis nehmen. In ihren Briefen kann es aber niemand überlesen – zwischen all den Witzen, Alltagsreflexionen und zärtlichen Spitzen. Am Ende zählt nur das Wesentliche, selbst wenn es in Causerien eingewoben wird.

Briefwechsel leben stets über das ihnen innewohnende Spannungsverhältnis von Selbst- und Fremdentwurf: Offenbarung, Wunschbilder, Wahrheiten. In diesem Sinne kommen uns »die Zwei« ganz nahe in ihrer Philosophie des Lebensalters. »Plötzlich hat er einen Brief geschrieben. Dann sollte er auch einen zurückbekommen«, erinnert sich Flatow. Dann gab es noch die Briefmarken von Brauner – so einfach ist das. Einfacher jedenfalls als die Antwort auf eine kühne Frage: »Wäre es nicht viel schöner, alt geboren und dann jünger zu werden?« Im Briefwechsel findet man jedenfalls keine schlüssige Antwort, vielleicht reichen eineinhalb Jahre brieflicher Austausch zwischen Grunewald und Dahlem dazu nicht aus. Aber die Fotos aus dem Karton bringen die Realität zurück: »As time goes by.«

Die Schatten auf der Terrasse im Grunewald werden jetzt länger, und eine andere Frage erscheint dringlicher: »Kann ich ein Foto mit dem Papst reinnehmen?« »Mit dem Filmregisseur?«, repliziert Flatow trocken. »Der regt mich auf!«, entfährt es Brauner, hektisch im Karton wühlend. »Konnten Sie mit dem polnisch sprechen?«, fragt Flatow unbeeindruckt weiter. »Allerdings! Das hab' ich auch.

Und er hat sich erinnert!« Brauner ist jetzt richtig in Fahrt, ein schier endloser Bilderreigen ergießt sich über den Tisch: Brauner mit Lollo, Brauner mit Loren, Brauner mit Schwarzenegger, Siegfried & Roy, Brauner mit Kirk Douglas usw. Das zeigt Wirkung, das geht an die Ehre. Während sich Artur Brauner noch triumphierend über seine Fotogalerie der Stars beugt, wendet sich Curth Flatow wieder sichtlich gefaßt an den Verleger: »Ich hab' eins mit Prinz Philipp und eins mit Kishon – die schick' ich Ihnen morgen!«

So wird das wohl immer weitergehen. Und wahrscheinlich war es nur eine rhetorische Frage – die nach dem »alt geboren«, um dann »jünger zu werden« …

* * *

Der hier wiedergegebene Briefwechsel umfaßt den Zeitraum vom 17. Februar 2000 bis zum 29. August 2001. Artur Brauner und Curth Flatow haben bereits zu früheren Zeitpunkten miteinander korrespondiert, doch lediglich sporadisch und nicht in vergleichbar konzentrierter Form. Es wurden alle in diesen achtzehn Monaten geschriebenen Briefe in den vorliegenden Band aufgenommen.

Sowohl Artur Brauner als auch Curth Flatow haben ihre Schreiben in der Mehrzahl diktiert und anschließend via Telefax einander zugesendet, ehe auf dem traditionellen Postweg Brief und Briefmarken nachgesendet wurden. Diese Mitteilungsform trägt dazu bei, daß ihre Korrespondenz durch einen eher mündlichen Umgangston gekennzeichnet ist, an dem in der vorliegenden Edition bewußt festgehalten wurde, da er ein präziseres Bild der jeweiligen Schreibsituation zu vermitteln vermag, als dies eine ›glättende‹ Bearbeitung könnte. Um eine möglichst authentische, den Verfassern der Briefe gemäße Form der Wiedergabe zu gewährleisten, wurden die Besonderheiten der jeweiligen Stile und Handschriften beibehalten. Denn es sind Briefe voller Witz, Melancholie und tieferer Bedeutung.

Artur Brauner
und
Curth Flatow

Ein Briefwechsel

Aus dem Briefmarkenalbum von Artur Brauner und Curth Flatow

Berlin, den 17. Februar 2000

Lieber Herr Flatow,

ich habe in der letzten Zeit etliche Beweise erhalten, daß Sie mich zeitlich unbedingt einzuholen beabsichtigen. Langsam muß ich zu fürchten beginnen, daß Ihnen dies auch gelingen dürfte ... Wäre aber meine Verbundenheit zu Ihrer Person nicht so intensiv, würde ich eine solche Konstellation nicht zulassen.

Sie scheinen erfreut zu sein, daß Sie die acht Lenze hinter sich gebracht haben. Es wäre wirklich nett, wenn Sie mich schon heute – wo die Briefmarken durch die niedrige Inflation noch preisgünstig erhältlich sind – zu Ihrem 90. Geburtstag einladen würden. Ich stelle Ihnen das Hollywood Media Hotel für die Feierlichkeiten zur Verfügung, und dies umsonst! Vorausgesetzt, daß die von Ihnen konzipierten Theaterstücke für die Komödie und das Theater am Kurfürstendamm so viele Besucher anziehen, daß sie im Hollywood Media Hotel übernachten müssen und somit eine Kompensation schaffen. Sie können mich beim Wort nehmen, denn mündliche Zusagen gelten auch dann nicht immer, wenn sie sogar schriftlich bestätigt wurden.

Irgendwie nehme ich es Ihnen übel, daß Sie den Film »Schwarze Augen« vergessen haben, den Sie zusammen mit Bobby Lüthge vor rund fünfzig Jahren schrieben. Ich liebe den Film sowohl wegen der dramaturgischen Konstruktion, als auch in Bezug auf die Musik, und vielleicht läßt sich irgendwann ein Remake produzieren.

Letzte Frage an Sie: Nachdem Sie Theaterstücke für Edith Hancke verfassen, die nur auf ein bestimmtes, junges Publikum gerichtet sind, sollten Sie doch überlegen, ob Sie nicht eins für mich schreiben sollten, obwohl meine Schwester, die unseren letzten Film »Kasachstanlady« sah, mir davon bestimmt abraten würde. Die nahe Zukunft wird unter Beweis stellen, ob ich nicht im Recht bin. Und Sie machen sich bitte in der Zwischenzeit Gedanken darüber.

In diesem Sinne verbleibe ich mit den besten Grüßen auch an Ihre Frau für heute

Ihr
Artur Brauner

Lieber Herr Brauner,

glücklich bin ich, Sie mit den Briefmarken erfreut zu haben, auf denen das Modell von Katja Flint zu sehen ist. Obwohl ich bei Ihnen ja eine Briefmarke gut habe, habe ich Ihnen zwei neue geschickt, da ich annehme, daß Sie auch an andere schreiben und deshalb dringend Marken benötigen.

Sie wundern sich, daß ich auf allen Fotos lache. Das hat seinen Grund. In der Nazizeit hatte ich so wenig zu lachen, daß ich immer noch beim Nachholen bin. Schwiegermütter hatte ich auch, mit der ersten verstand ich mich besser als Mummy, die zweite hat mich nicht mehr gesehen, die war schon so krank. Es hat den Anschein, daß Sie mehr Erfahrung mit Schwiegermüttern haben. Wenn Sie den Witz früher gehört hätten, wäre auf der Koenigsallee sicher ein Rundbau entstanden, den die Eingeborenen sofort »Zirkus Brauner« genannt hätten.

Ich habe übrigens überhaupt nichts gegen Familie – mit Ausnahme meines Bruders, der meinen Hund haßt oder Angst vor ihm hat – so daß man ihn nicht mehr zum Mittagessen einladen kann; meinen Bruder natürlich, nicht den Hund. Ich wollte immer eine große Familie haben, mindestens drei Kinder, aber nun habe ich wenigstens zwei angeheiratet.

Mummy ist ja damals die vierte Frau ihres dritten Mannes geworden und jeder Mann war ein bißchen älter als der vorige. Der letzte ist vor ein paar Jahren gestorben. Nun sitzt sie ganz allein in Virginia und züchtet Pferde. Wir telefonieren ab und zu miteinander. Zu meiner großen Überraschung spricht sie immer noch und wiehert nicht.

Daß sie am Kurfürstendamm kein Stück von mir zeigen ist kein starkes Stück von mir, sondern liegt daran, daß die Wölffers nicht besetzen können. Sie sind fünf Stücke zurück, und ich muß immer nach Wien oder Düsseldorf ausweichen. Sie haben immer keine Besetzung für meine Stücke. Es ist bestimmt keine Schadenfreude von mir, wenn ich feststelle, daß sie die anderen auch schlecht oder verkehrt besetzen.

Daß Ihre Frau die Güte in Person ist weiß ich, und deshalb habe ich sie gern. Daß sie Sie zwingen muß, sich jedes Stück von mir anzusehen, ist für mich wie für Sie zum Vorteil. Warum sollen Sie sich nicht weiterbilden? Aber ich habe mir vorgenommen zu versuchen, eine Nachtvorstellung anzusetzen, damit Sie keine Zeit mehr haben, so früh oder so spät Briefe zu schreiben. Sie sollten jetzt wirklich etwas kürzer treten, aber auf keinen Fall Ihre Autoren.

Überrascht hat mich nicht, daß Sie gerade mit Los Angeles telefoniert haben, aber daß der amerikanische Autor mehr Geld verlangt, weil die Arbeit am »Golem« länger dauert. Auf diese Idee bin ich leider früher nie gekommen. Sie müßten sich sehr verändert haben, wenn Sie auf diesen Anruf von Stephen Glantz positiv reagieren.

Nun war gerade die Oscar-Verleihung und es hat mich doch sehr traurig gestimmt, daß ich fast alle Gewinner nicht kenne. Und wenn dann ganz berühmte Sänger ohne Stimme singen, habe ich immer Sehnsucht nach Crosby, Sinatra und Dean Martin. Sie sind bestimmt nicht so altmodisch eingestellt und ich wünsche Ihnen, daß man Sie im nächsten Jahr nicht nur nominiert, sondern auszeichnet. Ich werde es am Fernseher verfolgen.

So, und nun habe ich Mitleid mit Ihnen. Sie sollen Ihre Augen nicht überanstrengen mit dem Lesen meines Briefes. Ich mache jetzt Schluß.

Mit herzlichen Grüßen an Maria, denen sich Brigitte anschließt, verbleibe ich:

Ihr
Curth Flatow

Berlin, den 11. April 2000

Lieber Herr Flatow,

ehrlich gesagt haben mich die beiden Briefmarken à DM 1,10 mehr erfreut als der Inhalt Ihres Schreibens vom 3. April. Sollten Sie sich jedoch informieren wollen, warum dies der Fall ist, so würde ich Ihnen selbstverständlich nicht mein Geheimnis offenbaren …

Ich habe es sehr bedauert, daß Sie und Ihre Frau nicht zum Dinner kamen, das mit sehr hübscher rumänischer und sonstiger Musik ergänzt wurde. Ich wollte eigentlich mit Ihnen ein Tänzchen machen, ein Hora-Tanz, nachdem wir das bisherige Leben nicht so schlecht durchtanzt haben.

Der Film war sicherlich zu lang, ich hätte ihn mindestens um zwanzig bis dreißig Minuten gekürzt und bei allen Passagen mit rumänischer, moldauischer und bessarabischer Musik hinterlegt. Der Film hätte um hundert Prozent gewonnen. Aber ich hoffe trotzdem, daß Sie es nicht bereut haben, die einfachen, außerordentlich tragischen Schicksale kennenzulernen. Hier hat sich kein Drehbuchautor mit der Erfindung von Ideen belasten müssen – das Material lieferte Hitler mit seinen Schergen.

Ich hätte Ihnen gerne das Restaurant gezeigt, wo wir alle den Abend in sehr schöner Atmosphäre verbrachten, worin außerordentlich viele Plakate hängen, darunter eine ganze Menge, die Ihren Namen tragen (nicht als Titel, sondern zwischen dem Regisseur und dem Produzenten ›eingeengt‹). Ich wäre übrigens froh, wenn ich mit meinem Bruder Probleme hätte, durch die man letztendlich »auf den Hund kommen könnte«. Sie haben es in dieser Hinsicht viel besser.

Eigentlich ist es – und das meine ich ganz ehrlich – schade, daß kein neues Stück am Kurfürstendamm gezeigt wird. Ich kenne nun leider Gottes – und dies zu meinem großen Bedauern – keinen besseren Dialog-Autor als Curth Flatow. Dieser Tatbestand führt mich zwar nicht zu Depressionen, aber zum Nachdenken. Einem Anwalt bringt Nachdenken Geld, ich verliere es dabei.

Von Stephen Glantz habe ich gerade ein Fax bekommen, daß er die neunte Version vom »Golem« per E-mail an mich abgesandt hat. Entweder ist Glantz ein Golem, der neun Versionen schreibt, oder ich bin einer, der sich auf so viele einläßt. Oder es geschieht ein Wunder, und aus den beiden Golems Glantz und Brauner entsteht ein dritter erfolgreicher und sehr interessanter »Golem«. Beten Sie für mich zu Gott oder schenken Sie Ihrer Frau einen Chinchilla-Mantel – dies wäre auch eine gute Tat.

Sie werden lachen, mir hat immer noch Dean Martin am besten gefallen. Ich habe seine Stimme wie ein Teenager geliebt – Sinatra und Crosby in zweiter Reihe, aber auch zum Verlieben. Ich denke, ich bin nicht altmodisch in Bezug auf die früheren Sänger, die so viel Romantik verbreiteten und Gefühle der Liebe stärkten. Das soll aber nicht bedeuten, daß ich mich für junge Sängerinnen nicht interessiere. Ich habe heute Abend, nachdem ich Sie gesucht habe, in der Lobby »Maharadscha wider Willen« mit Rita Paul gesehen. Das war ein singender Körper ... Ich bin einem ähnlichen Geschöpf in den darauffolgenden Jahrzehnten nie mehr begegnet.

Mit der Überanstrengung der Augen beim Lesen Ihrer Schreiben haben Sie recht, da ich mindestens zehnmal die Lektüre wiederhole, und da sollte es niemanden wundern, daß die Augen etwas Streß erleiden.

Damit Sie nicht auf den Gedanken kommen, in den Künstlerkreisen Ihre Großzügigkeit hinsichtlich der Marlene-Dietrich-Marken zum Besten zu geben und mich als Portospendenempfänger proklamieren, lege ich Ihnen eine ganze Reihe von gestempelten und nicht billigen Briefmarken bei, sozusagen als Kompensation, um eine mögliche Degradierung meiner Person zu inhibieren. Vergessen Sie bitte nicht, daß mit diesem Schreiben bereits eine Marke verbraucht wird und somit nur noch eine einzige übrigbleibt.

Übrigens – und dies Gott sei Dank endlich zum Schluß – Sie haben mich im Buch erwähnt. Ich bin davon überzeugt, daß, wenn ich Ihnen doppeltes Honorar in den vergangenen Jahren gezahlt hätte, ich viel besser weggekommen wäre. So stellt sich die Frage, ob ich seinerzeit weitsichtig gehandelt habe. Apropos Handeln: Ich habe für die eingesparten Honorare Mannesmann-Aktien gekauft und wahrscheinlich den fünffachen Honorarunterschied eingeheimst. Wenn ich den Profit zusammenzähle, dann haben sich meine seinerzeitigen Einsparungen gelohnt. Nichts für ungut und mit den besten Wünschen verbleibe ich

Artur Brauner

Lieber Herr Brauner,

im ersten Absatz Ihres Briefes vom 11. dieses Monats teilen Sie mir mit, daß Sie die beiden Briefmarken à DM 1,10 mehr erfreut haben als der Inhalt meines Schreibens. »Sollten Sie sich jedoch informieren wollen, warum dies der Fall ist, so würde ich Ihnen selbstverständlich nicht mein Geheimnis offenbaren« –, schreiben Sie. Ich kann natürlich keinen Offenbarungseid von Ihnen verlangen, deshalb werde ich das Geheimnis ruhen lassen und nur das Beste von Ihnen denken.

Zunächst einmal, Brigitte und mir hat es sehr leid getan, nicht zum Dinner kommen zu können. Unser Hund kann nicht so lange zu Hause allein bleiben, da dann die Gefahr besteht, daß er etwas macht, was er nicht machen soll. Nachdem Sie mir nun nachträglich angedroht haben, mit mir einen Hora-Tanz zu absolvieren, bin ich doch sehr froh, die Veranstaltung versäumt zu haben, denn tanzen kann ich leider nicht mehr, ich werde leicht schwindlig, sie hätten mich dann stützen und vielleicht sogar von der Tanzfläche tragen müssen. Also seien auch Sie froh.

Der Film war sehr, sehr lang. Daß die Produzentin vorher eine viel zu ausführliche Rede gehalten hat, hätte mich eigentlich stutzig machen müssen. Als der Film dann nach mehreren Reden – Sie hielten bei weitem die kürzeste und pointierteste – begann, habe ich mich zuerst sehr gefreut, die verschiedenen Charaktere der beiden Hauptpersonen kennenzulernen und so bei mir gedacht, was hätte man daraus alles machen können! Ich weiß nicht, wer den Kameramann veranlaßt hat, vom Himmel auf die Stadt herunterzuschwenken. Jedesmal wenn es auf der Leinwand weiß wurde, habe ich gedacht, der Film wäre gerissen. Aber leider war der Film nicht so gerissen, wie er eigentlich hätte sein können.

Die beiden Hauptfiguren habe ich gleich in mein Herz geschlossen. Ihr Schicksal hat mich sehr berührt. Natürlich hat sich kein Drehbuchautor mit der Erfindung von Ideen belasten müssen. Die tragischen Lebensgeschichten sprechen für sich. Aber ich hätte die beiden gern öfter erlebt.

18

Sehr gefreut habe ich mich über die Zusendung der Briefmarken und bin sofort zu einem Philatelisten gegangen, habe den Wert schätzen lassen. Der Mann hat mir DM 7.500,– dafür geboten. Aber ich habe der Versuchung tapfer widerstanden, aus Ihrer Großzügigkeit Kapital zu schlagen und die Briefmarken zur schönen Erinnerung an Sie in mein Herz und in meinen Tresor eingeschlossen.

Sie können mir übrigens glauben, daß ich nicht einem Menschen von meiner Großzügigkeit hinsichtlich der Marlene-Dietrich-Marken erzähle, sondern vielen.

Dean Martin hat mir auch sehr, sehr gut gefallen. Wenn er sang, in der einen Hand eine brennende Zigarette, in der anderen ein Glas, in dem Eiswürfel im Whisky schwammen, war ich hingerissen. Er war so schön leger und manchmal habe ich bedauert, daß ich so zeitig das Zigarettenrauchen und das Whiskytrinken aufgegeben habe.

Über Rita Paul bin ich übrigens der gleichen Meinung wie Sie. Sie ist damals viel zu früh mit ihrem adeligen Angetrauten nach Amerika gereist. Ich habe damals ein Film-Drehbuch geschrieben und ihr eine Hauptrolle angeboten, aber sie mußte unbedingt einen Kurs in Amerika machen, hat deshalb abgelehnt und wahrscheinlich die ganz große Karriere, die sie mit ihrer Begabung verdient hätte, versäumt. Als ich in die erste Etage Ihres Hotels kam, entdeckte ich sofort das Plakat von »Sabine und Ihre 100 Männer«. Ich hoffe nur, daß der Film viel eingespielt hat, aber ich muß eingestehen, daß mir das Original mit der Durbin und Leopold Stokowski besser gefallen hat.

Natürlich bete ich für Sie, daß aus den beiden Golems Glantz und Brauner ein erfolgreicher und sehr interessanter Film entsteht, aber ich schenke meiner Frau keinen Chinchilla-Mantel. In Pelz gehüllt kann man sich heute gar nicht mehr auf die Straße trauen. Übrigens, wenn man sieht, wie Nerze gehalten werden, kann man ermessen, wie gut viele Chefs ihre Angestellten behandeln.

Ich bin im Nachhinein sehr froh, daß Sie mir in den Zeiten, in denen noch kein Düsenflugzeug über die CCC-Ateliers hinweggedonnert ist, kein doppeltes Honorar gezahlt haben und dafür Mannesmann-Aktien kauften, finde aber, Sie könnten mich an dem Gewinn etwas beteiligen.

Tja, wann die nächste Premiere von mir in einem der Ku'damm-Theater stattfindet, steht in den Sternen. Auf jeden Fall soll im nächsten Jahr »Das Fenster zum Flur« auf die Bühne kommen. Wölffer ist immer noch vier Stücke zurück! Im Herbst habe ich in Wien eine Uraufführung und bin jetzt schon nervös, weil ich bei den Proben nicht dabei sein und dem Regisseur gute Ratschläge geben kann. So mache ich auch dem Regisseur eine kleine Freude.

Bitte bleiben Sie mir gewogen und lassen Sie sich mit der Antwort ruhig Zeit, da meine Sekretärin auf Urlaub geht, und meine Handschrift möchte ich Ihnen nicht zumuten. Aber ich lege Ihnen auf jeden Fall drei Marken à DM 1,10 bei. Bitte nutzen Sie meine ungeheure Großzügigkeit nicht aus, machen Sie die Marken nicht zu Geld oder verschwenden Sie mit Briefen an andere Autoren.

Ich wünsche Ihnen ein schönes Pessachfest, chag sameach, und verbleibe mit herzlichen Grüßen auch an Ihre Frau

Ihr
Curth Flatow

Berlin, den 26. April 2000

Lieber Herr Flatow,

Ihrem letzten Schreiben vom 17. April habe ich entnommen, daß Sie nur das beste von mir denken. Es tat mir gut, und es hat mich wieder mal überzeugt, wie geistreich Sie sind …

So frage ich, wie Sie auf den Hund gekommen sind? Ein Mann in Ihren Jahren sollte sich eine Geliebte anschaffen, die ihn kontinuierlich daran erinnern soll, daß eine Frau viel bessere Qualitäten aufzuweisen hat …

Übrigens habe ich gerade überlegt, ob ich Ihre Einladung annehmen und bei dieser Gelegenheit mit Ihrem Hund konfrontiert werden soll, der einen wunderschönen Abend mit Ihnen zerstört hat. Es ist schon relevant, daß Sie sich würden entscheiden müssen, ob ich oder der Hund Ihnen wichtiger ist. Zu Ihrer Anmerkung, daß

Sie gar nicht in der Lage wären, mit mir zu tanzen, erlaube ich mir zu sagen, meine Arme hätten Sie so kräftig gestützt, daß ein Zusammenbruch absolut undenkbar gewesen wäre. Wozu ist man sonst seelisch verwandt?

Der Film war zu lang, ebenso wie das lange Leben der Protagonistin. Daß der männliche Überlebende leider schon mit siebzig Jahren diese Welt verlassen hat, ist menschlich mehr als bedauerlich. Wenn man jedoch von der Tatsache ausgeht, daß es einen ähnlichen Film in der nächster Zeit höchstwahrscheinlich nicht mehr geben wird, so sollte man die Schwächen verzeihen. Natürlich keine menschlichen, sondern diejenigen vom Regisseur.

Mit Genugtuung habe ich zur Kenntnis genommen, daß Sie sich über die Zusendung der teuren Briefmarken gefreut haben. Zum Teil waren sie älter als Marlene Dietrich. Wenn Sie jedoch für die mit besonderer Behutsamkeit ausgewählten und gestempelten Briefmarken DM 7.500,– erhalten können, hat mich das dazu bewogen, Ihnen nun eine noch größere Freude zu bereiten und Ihnen die dreifache Menge beizulegen, damit Sie auf DM 30.000,– kommen können. Es wäre doch schon höchstwahrscheinlich das halbe Honorar für ein neues Drehbuch, welches Sie für uns schreiben würden?! Zur Not kann ich das gesamte Honorar auffüllen durch entsprechende Wertsendungen. Ein Anruf würde genügen …

Die drei neuen Marlene-Dietrich-Marken stellen deutlich unter Beweis, daß Sie sich in den letzten Jahren geändert haben. Ich kann mir kaum vorstellen, daß Sie zu einem früheren Zeitpunkt – als Sie noch die Horas wie wild tanzten – zu einer solchen Großzügigkeit fähig gewesen wären. Wahrscheinlich ist die ungewollte Nähe zu Gott die Ursache. Damit sind Sie ein reuiger Sünder und ich in der Lage, Ihnen dies zu verzeihen.

Enttäuscht haben Sie mich durch Ihre Mitteilung, wonach »Sabine und die 100 Männer« mit Yehudi Menuhin Ihnen weniger gefallen hat als das Original mit Deanna Durbin und Leopold Stokowski. Wer sprach in den letzten Jahren und Jahrzehnten über Stokowski? Und wer sprach nicht über Menuhin? Übrigens fällt mir gerade ein Witz ein, der mit Yehudi Menuhin im Zusammenhang steht: In New York – im Centrum der Stadt – wird angekündigt, daß eine außergewöhnliche Darstellung um sechzehn Uhr zu erwarten wäre:

Ein Künstler, ein Verächter des Todes, würde von einem Wolkenkratzer auf einem gespannten Seil zum anderen Wolkenkratzer ohne Netz balancieren, unter ihm die Straße, und dabei die Sonate von Beethoven auf der Geige spielen. Über eine Million sind auf der Straße versammelt und warten auf den Auftritt des Maestros. Ein riesiger Applaus, als die Geige in der richtigen Position ist und er zu schreiten beginnt. Die Menschenmasse ist wie geschockt. Dies hat es noch nie gegeben, noch nicht einmal in Amerika. Mehrere hundert Meter über der Erde, ohne Netz, und gleichzeitig die Darbietung einer Sonate! Der Maestro schreitet, kippt beinahe um, spielt weiter, der Maestro schreitet weiter, man hat das Gefühl, er fällt jetzt runter, doch er faßt sich in der letzten Sekunde, das Publikum rast, manche fallen in Ohnmacht. Als er letztendlich die andere Seite erreicht hat, tobt die Menschenmasse, nur einer steht skeptisch und rührt sich nicht. Sein Nachbar fragt ihn: »Sind Sie nicht bei Sinnen oder blind oder taub? Haben Sie nicht gesehen oder gehört, was sich hier abspielte? In dreihundert Meter Höhe eine Sonate zu spielen?« Der Mann steckt die Hände in die Tasche und antwortet: »Also, Menuhin ist er wahrhaftig nicht!«

Sie sollten schon überlegen, ob Sie Ihrer Frau einen Chinchilla-Mantel schenken sollen. Sie werden jede Gefahr verhindern, wenn Sie vorne den Namen »Brigitte Flatow« anbringen würden. Natürlich unter Begleitung Ihres Hundes.

Ich habe meinen Mitarbeiterinnen versprochen, einer jeden einen Nerz-Mantel zu kaufen, sofern

a) Curth Flatow das Buch geschrieben haben würde,
b) der Film zu einem Erfolg führte,
c) ein paar Millionen als Profit übrig blieben.

Ich habe keine Skepsis in ihren Gesichtern vermerken können. So viel Vertrauen haben sie zu Ihrer Person!

Hätten Sie sich vorher bei mir gemeldet, als ich die Mannesmann-Aktien noch nicht verkauft hatte, so könnten wir über eine Gewinnbeteiligung diskutieren. Aber nun, nachdem ich rechtzeitig die Mannesmann-Aktien in Linde und IBM umgetauscht habe und nachdem diese im Kurs abgerutscht sind, ich diese wiederum umgetauscht habe, über dessen Auswirkung ich mich hier nicht weiter ›ausdehnen‹ möchte, sind Ihre Chancen leider verblichen. Wie sagt Gorbatschow, den man nicht unbedingt nachahmen soll: »Wer zu spät Aktien tauscht, kommt früh in die Schulden.«

Sie brauchen sich keine Sorgen um Ihre Premiere in Wien zu machen. Die guten Stücke kann man nicht kaputt und die schlechten nicht gut machen. »Das Fenster zum Flur« ist eine todsichere Sache, und mit Sicherheit wird der Erfolg vom Flur in die Öffentlichkeit dringen. Außerdem meine ich, daß man sich nicht mehr so intensiv mit Dingen belasten soll, sofern sie nichts mit der organischen Gesundheit zu tun haben.

Ich habe übrigens vor kurzem den Film »Das einfache Mädchen« ›sehen müssen‹. Alles in diesem Film stimmt, sogar das Drehbuch und die Urgeschichte. Und die Valente? Eine Augenweide und eine ganz große Künstlerin. Schade, daß diese Frau im nächsten Jahr schon siebzig wird.

Sollten Ihnen für neue Theaterstücke Ideen fehlen, bin ich bereit, Ihnen mit manchen nachzuhelfen, so zum Beispiel

a) ein Stück mit Edith Hancke, die von Tom Jones ein uneheliches Kind bekommt. Es werden Blutproben genommen, und es stellt sich heraus, daß Edith gelogen hat. Der tatsächliche Vater war Ilja Richter.

b) Brigitte Mira, die sich den sechsten Mann angelt, dem Sie überzeugend nachweisen kann, daß sie mit den früheren fünf Männern gar kein richtiges intimes Verhältnis hatte, dieses hat sie nur vorgespielt, und tatsächlich war er der erste Mann bei ihr.

c) Ein Melodram mit Helen Vita, die sich liften lassen will, kein Geld hierfür hat und sich deshalb einen Schönheitschirurgen angelt. Der Konflikt besteht darin, daß Evelyn Künnecke die gleiche Idee hat und so sind die beiden Rivalinnen, woran der Schönheitschirurg zugrunde geht. So bleiben sie also zwei »alte Schachteln«.

Ich habe noch mehrere Ideen, aber ich bevorzuge es, erst einmal abzuwarten, ob Sie eine von den o. g. bearbeiten können. Danach soll entschieden werden …

Ich diktiere diese Zeilen am Oster-Montag, exakt zwischen zwei Uhr zwölf und drei Uhr. Ich verbrachte also eine schwache Stunde für DM 3,30 – 3 x à DM 1,10 Marlene Dietrich –, an sich ein Hungerlohn für das Verfassen dieser Zeilen. Ein Glück, daß mir noch rund vierzig Jahre verbleiben, die ich dann besser nutzen kann.

In der Hoffnung, daß Sie ohne Sekretärin, aber mit Ihrer Frau die Feiertage gut verbracht haben, verbleibe ich herzlich grüßend

Ihr
Artur Brauner

P.S.: Meine Sekretärin weist mit Recht darauf hin, daß in Anbetracht der Tatsache, daß ich eine ganze Menge wertvoller, gestempelter Marken beilege, das Porto entsprechend höher wird und somit in diesem Fall mindestens zwei Marlene-Dietrich-Marken verbraucht werden.

Berlin, 23. Juni 2000

Lieber Herr Brauner,

nach langer Pause wieder ein Brief. Inliegend vier Briefmarken à DM 1,– und 4 à 0,10. Das hat seinen guten Grund: Sie sollen sich nicht so viel mit Marlene beschäftigen, die, wie ich dem Karasek Artikel im »Spiegel« entnahm, von Josef von Sternberg ein »Scheißweib« genannt wurde. Ich persönlich muß sagen, ich habe sie mehr als Chansonsängerin denn als Schauspielerin geliebt, außer im »Großen Bluff«.

In einem Ihrer letzten Briefe wollten Sie mir ein »süßes Geheimnis« anvertrauen, das Sie mit mir teilen wollten. Neulich im Theater haben Sie mir nichts davon erzählt. Wie hat Ihnen übrigens Biederstaedt gefallen? Außerdem lese ich gerade, daß Sie vom Finanzamt eine Nachforderung in siebenstelliger Höhe bekommen haben. Das ist wirklich die Höhe, aber irgendwie bewundernswert. Wieviel müssen Sie verdient haben!

Vorige Woche habe ich Sie und Maria bei der Ankunft vor der Staatsoper im Fernsehen gesehen. Sie sahen beide, wie immer, großartig aus. Ich werde da Gott sei Dank nie mehr eingeladen, zur »Goldenen Kamera« noch, aber da gehe ich nicht mehr hin, weil ich dort kaum noch einen Menschen kenne.

Herbert Reinecker war mit seiner Frau auch beim Filmpreis, wurde aber natürlich in keiner Zeitung erwähnt. Hollywood tut viel mehr für seine alten Kämpen, bei uns zählen nur noch Ben Becker und andere. Die Frau von ihm bekommt übrigens ein Kind, und er hat auf ihren gewölbten Bauch geschrieben: »Made in Berlin«. Sowas hätte sich Maria sicher verbeten!

Gestern habe ich das erste Bild meines neuen Stückes abgeschlossen. Schade, daß die Theater mit meiner neuen Produktion nicht mehr mitkommen. Das drittletzte wird im Spätherbst in Wien gestartet, und ich hoffe sehr, daß es sich lohnen werden wird, dahin zu fliegen. Mir sind weite Reisen neuerdings ein Greuel.

Neulich bin ich um neun Uhr vierzig nach München geflogen, das heißt: der Flug sollte um diese Zeit beginnen. Plötzlich meldete sich der Pilot über Lautsprecher und verkündete, daß die Maschine zu schwer beladen sei. Alle Leute, die nur nach München fliegen wollten, mußten aussteigen und ihr Gepäck identifizieren. Ich, ohne Gepäck, nur neuerdings mit einem äußerst eleganten Stock mit Silberkrücke, durfte natürlich drin bleiben. Vom Münchner Flughafen aus mußte die Taxe zum Bayerischen Rundfunk rasen, – Interview –, zurück zum Franz-Josef-Strauß-Airport, und um fünfzehn Uhr vierzig ging es wieder nach Berlin. Gestern sollte ich nach Karlsruhe fahren, zur Eröffnung einer neuen Buchhandlung, aus meiner Biographie lesen und die daraufhin verkauften Bücher signieren. Aber ich habe abgesagt. Sechseinhalb Stunden im Zug sitzen, einen Koffer mitnehmen, da ich ja dort übernachten müßte, das ist nichts mehr für mich. Der Kopf funktioniert noch, aber die Beine! Ich habe solche Angst vor dem Hinfallen, und das mit Recht. Ich bin schon mehrere Male ›hinfällig‹ gewesen.

Gott sei Dank ist das Wetter jetzt nicht mehr so heiß. Bei vierunddreißig Grad Celsius dachte ich schon, daß der Grunewald bald ein Palmenhain sein wird, wir könnten die Datteln selber pflücken, wenn wir rankämen. Ananas, Orangen, Oliven und Kokosnüsse, alles könnten wir uns dann selber holen, weil kein Mensch in der ganzen Welt etwas dagegen tut, daß die Ozonlöcher immer größer werden.

Sie merken, ich habe heute meinen nachdenklichen Tag. Hunderttausend Frauen und Kinder verhungern, weil zwei Staaten miteinander einen Krieg führen, bei dem wieder Hunderttausend fallen.

1990 wollten sie sofort Schönefeld zum Großflughafen ausbauen, bis heute ist nichts geschehen. Das einzige, daß Herr Strieder eine Straßenbahn durch die Leipziger Straße fahren lassen will, Herr Diepgen die U 5 ausbauen möchte, dadurch würde unsere Straße Unter den Linden jahrelang zur Baugrube werden und das Olympiastadion nicht rechtzeitig zur Fußballweltmeisterschaft fertig. Vom Mahnmal will ich gar nicht reden. Polizisten werden umgebracht, Ausländer totgeschlagen und Deutschland, einst das Land der Dichter und Denker, muß heute Informatiker aus Indien einführen.

Wenn man nicht so optimistisch wäre, würde man Pessimist werden. Ihnen und Ihrer Familie alles Gute wünscht

Ihr
Curth Flatow

P. S.: Eben lese ich mir noch einmal Ihre Briefe durch und entdecke, daß Sie erst mit Ihrem Rechtsanwalt sprechen müßten, ehe Sie mir das »süße Geheimnis« anvertrauen können. Sollten Sie eine Schokoladenfabrik kaufen wollen? Wenn ja, dann bitte eine, die nur Milchschokolade herstellt, bittere mag ich nicht.

Berlin, den 17. Juli 2000

Lieber Herr Flatow,

ich übte mich in unmenschlicher Geduld – auf Ihren nächsten Brief wartend. Der Briefträger fragte mich schon, ob ich einen Scheck über eine größere Summe erwarte, da ich ihm gegenüber ungewöhnliche

Aktivitäten an den Tag legte. Nun kam endlich der lang ersehnte, geistig hoch gediehene Brief von Ihnen – Gott sei Dank! Denn ich war schon unruhig, ob es Ihnen gut geht, nachdem Sie doch pflichtgemäß regelmäßig meine Schreiben an Sie interpretierte.

Diesmal habe ich keine Briefmarken mit dem Kopf von Marlene Dietrich erhalten. Sind diese inzwischen teurer geworden? Da Sie sich scheinbar nach dem Artikel von Karasek von Marlene ›getrennt‹ haben, darf ich Ihnen im Vertrauen offenbaren, daß sie mich niemals als Frau interessierte, da ich für diesen Typ Frau keine Gefühle oder männlich-weibliche Impulse entwickeln kann. Als Frau mit Charakter war sie jedoch einmalig – ebenso als Sängerin und Schauspielerin. Aber als Ehefrau und Mutter hat sie wohl nicht so viel von sich gegeben. Nachdem ich diese Zeilen diktiere, komme ich langsam auf den Gedanken, daß Sie mir die Marken ohne Marlene Dietrich ohne besonderen Grund zugesandt haben.

Ich will Sie nun nicht länger auf die Folter spannen und Ihnen den Hintergrund des »süßen Geheimnisses«, von dem ich Ihnen erzählte, mitteilen:

Als 1947 mit der Realisierung des Films »Morituri« die pekuniäre Lage kritisch wurde, heckte ich einen Plan aus, wonach ich – um nicht den OE leisten zu müssen –, als Geschäftsführer der CCC abtreten und diesen Posten auf eine andere Person übertragen wollte, die nichts zu verlieren hatte. Nach langem Grübeln bin ich auf Sie gekommen, weil Sie Solidität, Anständigkeit und Naivität ausstrahlten. Ich war ganz nahe dran, Ihnen ein schriftliches Angebot zu unterbreiten, Chef der CCC-Film zu werden. Einiges an Geld floß schon damals aus den Filmen »Herzkönig« und »Sag die Wahrheit«, aber »Morituri« verschlang einfach alles. Dann kam ich aber auf den Gedanken, daß ein begabter Schauspieler und ebenso begabter Textdichter nicht in der Lage sein würde, die Firma zu retten – selbstverständlich nicht ahnend, daß Sie einer der besten Autoren werden und somit Millionen scheffeln würden. Ich habe Ihnen einfach diese Eigenschaft nicht zugetraut. Das war mein gravierendster Fehler und dieser führte dazu, daß ich danach noch zweihundertdreiundfünfzig Filme produzieren mußte!

Lieber Curth Flatow, Sie irren sich, wenn Sie glauben, daß Hollywood mehr tut für seine alten Stars – egal auf welchem Gebiet. Dort gehört ein Mann über fünfzig zum alten Eisen. Die Klagen habe ich sowohl von Regisseuren als auch von Schauspielern vernommen. Sie sollten auch nicht betrübt sein, daß man Sie nicht mehr überallhin einlädt. Dies ist doch der natürliche Gang der Geschichte, die Älteren müssen abtreten, um den Jungen Platz zu machen.

Daß Ben Becker seiner Frau bei Vergabe des Filmpreises auf den gewölbten Bauch »Made in Berlin« geschrieben hat, liegt daran, daß er mir zuvorkommen wollte, was ihm auch gelang. Ich suche nun ein anderes Objekt, und dann wird die Aufschrift lauten: »Made by Art Bernd« (dies ist mein Autorenpseudonym, was ich bisher nicht bekannt gemacht habe, um mit Ihnen nicht in Konkurrenz zu geraten). Mit diesem Pseudonym verbinden sich ungefähr achtundzwanzig bis dreißig gedrehte Filme, von denen fünfzig Prozent auf die ersten Filme entfallen (»Die Spur führt nach Berlin«, »Die sündige Grenze« u. a.) und achtzig Prozent auf die letzten Filme (»Von Hölle zu Hölle«, »Kasachstanlady«, »Lara«, etc.).

Ich halte es nicht für opportun, daß Sie »nachdenklich« werden. Von Ihnen erwartet man Optimismus, Lebensbejahung, Humor und somit Elemente, die zum Lebensfortschritt antreiben. Für den ›ernsten Bereich‹ gibt es ausreichend Autoren, die auch nichts anderes schreiben können. Wir brauchen weiterhin ›starke Stücke‹ von Ihnen, mit denen Sie die Schauspieler, den Regisseur und das Publikum beglücken.

Die Tatsache, daß Sie in den letzten Jahrzehnten keine Bücher für uns schrieben, führte dazu, daß die CCC-Film sich zwangsweise mit dem ernsten Genre beschäftigte. Betrüblich ist die Tatsache, daß Sie scheinbar Schmerzen im Knie haben und darunter leiden. Wenn ich jedoch bedenke, wie ich vor achtunddreißig Jahren aus dem Zug Amsterdam-Basel geholt werden mußte, weil ich mir einen schweren Bandscheibenschaden zugezogen hatte und sechs Jahre lang praktisch steif war und täglich große Schmerzen empfand, aber niemals die Hoffnung aufgab, daß sich mein Zustand bessern würde, so sollten Sie sich daran ein Beispiel nehmen, zumindest das einzige Beispiel, und wenn Sie diesen Aspekt mit voller Überzeugung beherzigen, Sie werden mit mir zusammen noch eine Hora tanzen – und Maria wird dabei nicht fehlen. Sie beklagen sich, daß zwar der Kopf noch funktioniere, aber die Beine nicht mehr – umgekehrt wäre es doch aber viel schlimmer. Denn die Menschheit braucht gerade Ihren Kopf …

Ich könnte noch unendlich lange diktieren, aber meine Sekretärin schaut mich etwas böse an, da es schon spät geworden ist, weshalb ich Ihnen nur noch einen Witz am Ende übermitteln möchte:

Ein bekannter Drehbuch- und Bühnenautor baut sich eine Villa in Kitzbühel. Als das Haus fertig ist, ruft er seinen Produzenten an, um ihn einzuladen, damit er dieses bewundern kann. Der Produzent läuft um das Haus, sieht sich alles an und kommt aus dem Staunen nicht mehr raus. Er sagt zum Eigentümer und Bauherrn: »Georg, bist du denn von allen guten Geistern verlassen, wie kannst du das Haus total rund bauen? Ich kann verstehen, wenn man einen Balkon oder eine Terrasse rund baut, aber alle Zimmer, einfach alles rund? Wolltest du eine spanische Stierarena nachbauen?« Der TV- und Bühnenautor nimmt ihn beiseite und antwortet: »Als ich mit der Planung des Hauses anfing, kam meine Schwiegermutter dazu und meinte: »Du, mein lieber Schwiegersohn, wirst doch wohl ein Eckerl für deine Schwiegermutter eingeplant haben?« Ich hoffe, der Witz gefällt Ihnen …

Ich möchte Ihnen noch bestätigen, daß vier Briefmarken à DM 1,– und fünf Marken à DM 0,10 Ihrem Brief beilagen, weshalb ich Ihnen eine Marke à DM 0,10 zurücksende.

So verbleibe ich in Erwartung Ihres nächsten Briefes und mit den besten Wünschen

Ihr
Artur Brauner

Berlin, 28. Juli 2000

Lieber Herr Brauner,

vielen Dank für Ihren Brief vom 17. dieses Monats Es tut mir leid, daß Sie mit unmenschlicher Geduld auf meinen nächsten Brief gewartet haben, noch peinlicher ist es, daß der Briefträger Sie schon gefragt hat, wieso sie ihm gegenüber ungewöhnliche Aktivitäten an den Tag legten. Sie haben ihn erwartet, und wer weiß, was er von Ihnen erwartet hat. Unter Beamten soll es so etwas ja auch geben.

In der Beurteilung der sexuellen Wirkung von Marlene Dietrich stimme ich Ihnen zu, das ist wahrscheinlich auch der Grund, warum ich nie etwas mit ihr gehabt habe.

Unbedingt möchte ich darauf hinweisen, daß ich nicht traurig bin, zu der Deutschen Filmpreis-Gala nicht eingeladen worden zu sein. Ich gehe auch nicht mehr zur Feier der »Goldenen Kamera«, obwohl ein Exemplar davon auf meinem Schrank steht. Ich habe da nichts mehr zu suchen, weil ich dort keinen Menschen mehr finde, den ich kenne.

Nun schreiben Sie, ich irrte mich, weil ich glaubte, daß Hollywood viel mehr für seine alten Stars täte. Da muß ich Ihnen zum Glück widersprechen. Ich habe einige der Veranstaltungen gesehen, in denen man die Alten ehrt, und ich bekomme heute noch Tränen in die Augen, wenn ich mich daran erinnere, wie der uralte Fred Astaire auf der Bühne ein paar Stepschritte probiert hat. Interessant ist Ihre Formulierung: »Dies ist doch der natürliche Gang der Geschichte, daß die Älteren abtreten müssen, um den Jungen Platz zu machen.« Sie haben nicht geschrieben: »Wir Älteren«. Daran merke ich, daß Sie sich mit Recht noch für jung halten.

Was das »Made in Berlin« auf dem Bauch der Frau von Ben Becker betrifft, so glaube ich fest, daß er Ihnen bestimmt zuvorkommen wollte, denn Sie hätten sicher, da ja genug Platz war, nicht nur »Made in Berlin«, sondern dazu noch den Bezirk, also Wilmersdorf, Charlottenburg o. ä. geschrieben. Ein Autogramm von Ihnen hätte natürlich zu falschen Vermutungen geführt.

Zu Ihrem »süßen Geheimnis«, das Sie mir jetzt anvertrauen, möchte ich nur folgendes sagen: Ich wäre weder vor noch nach »Morituri« – »Ein Lied ist leis' verklungen« suche ich jedes Jahr vergeblich auf meiner GEMA-Abrechnung – bereit gewesen, Ihre Produktion zu übernehmen, denn dabei hätte ich mich nur übernommen. Ich bin kein Produzent, wollte auch nie einer werden, was mir mein Bruder Rudi und Hans Rosenthal eine Zeitlang übel genommen haben. Ich bin nie in eine Firma eingetreten, auf wen sollte ich auch schimpfen, wenn der Film nicht so geworden ist, wie *ich ihn mir vorgestellt habe. Deshalb inszeniere ich auch meine Stücke nicht selber, denn sonst kann ich ja hinterher nicht über die Einfälle des Regisseurs meckern.*

Um einem weiteren Irrtum vorzubeugen, teile ich Ihnen mit, daß ich mit dem Knie bisher kaum Schwierigkeiten hatte, obwohl ich mich immer wieder in die Arbeit reingekniet habe. Johannes Heesters hat sich unlängst ein künstliches Kniegelenk einsetzen lassen, er wird ja im Dezember erst siebenundneunzig. Wenn ich mal soweit sein sollte, werde ich mich auch zu der Operation entschließen.

Da Sie mir kurz vor Schluß Ihrer Briefe oft einen Witz zukommen lassen, möchte ich dasselbe auch tun – ich hoffe, daß sie ihn nicht kennen:

Ein Rabbi hat in seinem Garten einen wunderschönen Nußbaum. Der Pfarrer des Ortes hat jedesmal im Vorbeigehen sehnsüchtige Blicke auf den Baum geworfen und schließlich den Rabbi gefragt, ob er ihn nicht haben könne. Der Rabbi sagte schließlich zu, der Pfarrer ließ den Baum fällen und daraus einen hölzernen Jesus schnitzen, den er an seiner Gartenpforte aufstellte. Alle Dorfbewohner, die vorbeikamen, zogen den Hut, nur der Rabbi nicht. Der Pfarrer fragte ihn, warum er dem Jesus nicht seine Referenz erweise und der Rabbi antwortete: »Ich kannte ihn, als er noch Nußbaum hieß!«

Das hat übrigens nichts mit Jack White zu tun.

Das mit der überzähligen Zehn-Pfennig-Marke hat meine Frau Joachim verbrochen. So wird man von seinen Mitarbeitern andauernd finanziell ruiniert. Ich komme wieder auf meine Beine, das bin ich übrigens oft schon gekommen, denn die sind es nicht, die mich beim Gehen hindern. Es ist das Gleichgewichtsorgan, das mir Schwierigkeiten macht. Deshalb gehe ich auf Anraten meines Arztes längere Strecken mit einem Stock. Er hat eine echte Silberkrücke und schmückt ungemein. Und alle Leute nehmen daraufhin auf mich Rücksicht. Sogar bei Warteschlangen haben sie mich schon vorgelassen. Er gibt mir auch Sicherheit, denn ich kenne kein Mädchen, das so oft gefallen wäre wie ich.

Mein Kardiologe sagte mir höchst erfreut, daß meine jetzt schon über dreizehnjährige Herzklappe noch so gut wie neu wäre, mein

Blutdruck völlig in Ordnung sei und ich eigentlich Tag und Nacht jubeln müßte. Daß ich das nicht tue, wirft mir meine Frau des öfteren vor. Dennoch werde ich mit Ihnen zusammen nie mehr eine Hora tanzen. Sie müßten mich andauern auffangen, nicht finanziell, sondern körperlich.

Es tut mir leid, daß mein letzter Brief etwas nachdenklich ausgefallen ist. Ich hatte meinen sentimentalen Tag. Den nehme ich mir ab und zu. Aber, damit Sie sehen, daß ich auch nach Operationen noch Humor habe, übersende ich Ihnen ein Gedicht, entstanden im Martin-Luther-Krankenhaus, kurz nachdem man mir eine neue Hüfte eingesetzt hat. Aus Titan, wie man mir versicherte. Ich wollte eigentlich immer ein Titan werden, nun habe ich wenigstens siebzehn Zentimeter davon intus.

Gedanken eines alten Mannes im Krankenhaus

Im Garten deines Lebens blüh'n jetzt schon die Astern.
Die ersten Blätter fallen ab, es herbstelt sehr.
Und man muß Abschied nehmen von geliebten Lastern,
das eine darf man nicht, das and're auch nicht mehr.

Blick' nicht verbittert auf die schönen Herbstzeitlosen,
genieß die Zeit, wenn auch dein Winter droht.
Denk' stets: Noch sind die Tage der Arthrosen,
tut dir mal nichts mehr weh, dann bist du meistens tot!

Ihnen und Ihrer Familie alles Gute wünschend verbleibe ich

Ihr
Curth Flatow

Berlin, den 8. August 2000

Lieber Herr Flatow,

Ihr besonders geistreiches Schreiben vom 28. Juli hat mich genau einige Stunden vor meiner Abreise in die Sonnengefilde erreicht, um die wetterlichen Depressionen, die mich in der letzten Zeit überfielen, abzuschütteln …

Ich habe den Brief natürlich mitgenommen, um in Ruhe – ohne die riesigen Steuernachzahlungen im Nacken zu haben – meine Gedanken zu formulieren, die mir zumindest annähernd die Chance bieten sollen, gegenüber Ihren geistreichen Schilderungen, Dialogen standhaft zu bleiben, oder besser gesagt ›Paroli zu bieten‹.

So sitze ich hier in der Nacht – Sie haben sicherlich mitbekommen, daß ich Antwortschreiben nur nachts von mir gebe – und prüfe meinen Geist, meine Impulse, meine Fähigkeit, Ihnen adäquat zu antworten. Eine gewisse Sicherheit bieten mir doch einigermaßen die rund achtzehn Monate, die ich früher geboren wurde, und diesen Zeitunterschied werde ich nutzen, um angemessene Gedanken und Ideen zu Papier zu bringen.

Ich bedaure außerordentlich, daß Sie nicht mehr zu Feierlichkeiten der Vergabe der »Goldenen Kamera« präsent sind. Sie beklagen sich, daß Sie keinen Menschen dort mehr kennen oder finden. Dies ist ein Irrtum Ihrerseits: In diesem Jahr habe ich die »Goldene Kamera« für mich in Anspruch nehmen können, und Sie hätten mich bestimmt auf der Bühne erkannt. So gesehen war es ein Fehler Ihrerseits, nicht zu kommen.

Natürlich ehrt Hollywood die alten, verdienten Filmschaffenden, aber Sie gehören ja noch nicht dazu. So stelle ich die Frage, warum Sie sich beklagen?! Als Fred Astaire seine Auszeichnung bekam, da war er nicht mehr in der Lage zu tanzen. Wenn Sie demnächst eine Auszeichnung bekommen, können Sie immer noch tolle Theaterstücke und beste Dialoge schreiben. Dies ist der Kardinalunterschied …

Vertraulich kann ich Ihnen übermitteln, daß ich niemals etwas auf den Bauch von Ben Beckers Frau geschrieben hätte. Für ein Autogramm war der Bauch viel zu rund, und Zahlungsverpflichtungen wie Überweisungsträger oder Schecks nehmen bei mir auf einer anderen Art ihren Platz ein. Aber es ist gut möglich, daß sich demnächst noch ein entsprechender Bauch zur Verfügung stellen wird, und sollte dieser weniger rund sein und eine gute Chance bieten, eine schöne Autogrammwidmung darauf zu kritzeln – ich werde nicht säumig sein, dies zu tun.

Schade, daß Sie nicht Produzent geworden sind, denn dies hätte Ihnen großartige Gelegenheiten geboten, ›mitmischen‹ zu können. Sie werden sich sicherlich daran erinnern, daß solche Filmgrößen wie Josef von Baky oder Geza von Cziffra erst dann bei einem Film glücklich wurden, wenn sie sich zumindest einmal im Atelier wie die Wilden ausgetobt und alle beschimpft haben.

Ich glaube, daß es höchste Zeit ist, eine Analyse des vorausgegangenen Lebens zu erstellen. Was hast Du, A. B., in Deinem Leben erreichen wollen? Oder was fehlt Dir zum Glück? Hast du vielleicht im Beruf den gewünschten Erfolg, aber im privaten Leben nicht? Oder umgekehrt? Hast Du die richtigen Aktien und rechtzeitig gekauft? Oder hast Du Dich verspekuliert? Schätzt Du Deine gegenwärtige Gesundheit positiv ein? Oder hast Du Raubbau mit ihr getrieben? Warst Du in Deinem Leben ausreichend ›lesbisch‹ oder hast Du Dich wie ein Homo (sapiens) benommen? Würdest Du, falls Du beim intensiven Beten die Genehmigung von Gott bekommen solltest, noch einmal auf die Welt zu kommen, die gleiche Lebensart praktizieren oder einen ganz anderen Weg einschlagen? Wünschst Du, im nächsten Leben als Muslim geboren zu werden, um vier Frauen gleichzeitig zu heiraten, oder bleibst Du konservativ wie im ersten Leben bei einer Frau? Bei den vier Frauen gäbe es den Vorteil, daß die eine oder andere keine Fragen stellen würde, wo man die Nacht über war …

Und wenn der liebe Gott mich fragen sollte, ob ich den gleichen Beruf zu wählen wünschte, würde ich eine klare Antwort erteilen: »Nein, ich möchte lieber Drehbuchautor, Bühnenautor und Texter werden wie Curth Flatow. So möchte ich zu irgend einem Zeitpunkt seine Seele übernehmen und somit auch den Geist, um dann mit jeglicher Sicherheit abgepolstert auf der Welt zu erscheinen.« Sie werden es mir sicherlich, lieber Curth Flatow, nicht übelnehmen, daß ich heute solche Gedanken hege und mit Ihrer Seele und Ihrem

Geist disponiere. Aber wen soll ich mir als Vorbild nehmen? Wenn Sie eine bessere Person aufweisen könnten, ich würde mir das überlegen. Ich bin jedoch schon jetzt davon überzeugt, daß ich keine bessere Adresse finde.

Auf die Analyse des vergangenen Lebens komme ich noch einmal zurück. Übrigens, das Gleichgewicht würden Sie leicht wieder ›geradebiegen‹ können, wenn Sie für mich ein, zwei Drehbücher schreiben würden. Ich habe so gute Projekte, die einen normalerweise aus dem Gleichgewicht bringen. Bei Ihnen würde es aber sicherlich genau das Gegenteil bewirken.

Ich bin überzeugt, daß es Sinn machen würde, Ihren Gedankengang im Krankenhaus zu verewigen. Ich habe also fest beschlossen, diesen zu irgend einem Zeitpunkt zu übernehmen. Egal, ob es zwanzig oder dreißig Jahre dauern wird.

Ich wundere mich, daß Sie eine Herzklappe benötigen. Ich habe es darauf ankommen lassen, Tausende von Klappen – vor jeder Filmeinstellung – zu erleben und bin gut damit durchgekommen. (Wäre es doch vielleicht opportuner, wenn Sie Produzent geworden wären?)

Von der GEMA haben Sie keine Abrechnung bekommen können, weil es mir viel zu schade war, das von Ihnen so romantisch getextete Lied »Ein Lied ist leis verklungen« der Öffentlichkeit preiszugeben. Dafür braucht es eine besondere Gelegenheit, und diese sollten wir zusammen abstimmen. Ich werde Ihnen demnächst eine Kassette mit dem von mir aufgenommenen Gesang des Liedes übermitteln, damit Sie sich an die Melodie erinnern. Und falls Sie den Text vergessen haben sollten – ich diktiere diesen nachstehend:

»Oh wie ein Lied war unser Glück,
geschaffen für den Augenblick.
Du gingst beim letzten Abschiedswort,
es war der Schlußakkord.

Und war es auch ein Lied in Moll,
es klang so süß und hoffnungsvoll.
Das Schicksal hat es komponiert
uns beiden dediziert.

Ein Lied ist leis verklungen
und still ist's ringsumher
und der, der es gesungen,
der kennt mich jetzt nicht mehr.

Und schien auch uns're Liebe
voller Glück und Harmonie,
ein Lied ist leis verklungen,
vergessen werd ich es nie.

Na, na, na …«

Wenn man sich überlegt, daß wir beide in den zwanziger Jahren waren, als wir dieses große Werk der Welt widmeten – man könnte direkt stolz sein.

Zum Schluß wiederum ein Witz als Antwort auf Ihren großartigen »Nußbaum-Spaß«: Es treffen sich zwei Freunde, die sich seit einigen Jahren nicht gesehen haben. So fragt Georg den Alexander: »Wo warst Du die ganze Zeit, wie geht es Dir, bist Du verheiratet?« Sagt dieser: »Ja, ich war in München und habe eine Frau und zwei Kinder, es geht mir gut. Und Du?« Darauf Georg: »Auch mir geht es eigentlich gut, auch ich bin verheiratet, habe keine Kinder und freue mich, daß ich Dich sehe, aber Du hast mich an etwas erinnert. Bitte, setz Dich ins Café gegenüber, iß und trink was Du willst, ich muß schnell etwas erledigen.« »Na gut, aber wann bist Du zurück?« »Zwanzig Minuten, es dauert nicht länger.« Georg rennt rüber zur Kirche, geht zum Priester und sagt: »Hochwürden, ich möchte beichten.« Darauf der Priester: »Gut, mein Sohn, dazu bin ich ja da. Sag mir, was hast Du verbrochen?« Georg antwortet: »Ich habe etwas Schreckliches, etwas Grauenhaftes getan.« Der Priester erschrickt: »Sag doch, was hast du getan, was hast Du verbrochen?« Darauf Georg: »Ich habe meine Frau betrogen.« Der Priester: »Na so etwas gibt es, das ist doch nicht so schrecklich, das passiert doch sehr oft. Mit wem hat Du sie betrogen?« Georg antwortet nicht, da fragt der Priester noch einmal: »Mit der achtzehnjährigen Kassiererin im Supermarkt? Mit der Bibliothekarin? Mit der Frau des Fabrikanten Bürie? Mit der bildhübschen Zahnärztin?« Georg fragt den Priester: »Kann ich noch einmal kommen? Ich kann es jetzt irgendwie nicht preisgeben. Ich würde gerne ein zweites Mal kommen.« Sagt der Priester: »Selbstverständlich, Du bist frei zu kommen, wann Du willst.« Georg rennt heraus, kommt ins Café. Alexander steht auf und sagt: »Na, ist Dir jetzt leichter, hast Du gebeichtet?« Darauf Georg: »Das gerade nicht, aber vier neue Adressen habe ich bekommen.«

Ich habe noch weitere auf Lager, aber es hängt davon ab, wie viele Jahre wir noch korrespondieren. Ich habe nachgerechnet: ich habe noch dreiundsechzig Witze zu liefern. Also brauche ich noch dreiundsechzig Briefe an Sie, oder ich verkürze die Zeit, indem ich ab dem nächsten Brief je zwei Witze erzähle – einen am Anfang und einen am Ende –, vorausgesetzt, Sie genehmigen diese Handhabung.

Alles Beste für Sie.

Ihr
Artur Brauner

P. S.: Sollten Sie sich doch entschließen, mir sukzessive dreiundsechzig Marken à DM 1,10 zu übermitteln, verspreche ich Ihnen, nur einen Witz pro Brief zu erzählen, außer eine kleine Zugabe, wie zum Beispiel dieser:
Ein Mann fragt seinen Freund: »Was reizt dich so an deiner Frau?« Darauf die Antwort: »Jedes Wort.«

Berlin, den 31. August 2000

Lieber Herr Flatow,

ich bin verzweifelt! Seitdem ich Ihnen am 8. August sowohl meine Gedanken als auch Ihren Text zum Lied »Ein Lied ist leis verklungen« übermittelt habe, sind bereits drei volle Wochen vergangen. Ich habe oft über Sie nachgedacht, bin aber niemals darauf gekommen, daß Sie auch ein Sadist sein könnten, denn wie soll man die lange Wartezeit beurteilen?

Ich hege die Hoffnung, es geht Ihnen gesundheitlich gut, so daß die verzögerte Beantwortung einfach Ihrer Beschäftigung mit weiteren »starken Stücken« zuzuschreiben wäre. Was verständlich ist, denn Tantiemen sind wichtiger als Freundschaftskorrespondenz …

Mein Instinkt sagt mir, daß ich Sie morgen – am 1. September – in der Komödie sehen werde. Sollten Sie weiterhin mit der Briefmarke zum Preis von DM 1,10 zaudern, können Sie mir ja Ihren Antworttext persönlich übermitteln.

Zum Abschluß wiederum ein Witz (mangels Konzentration keine Poesie): Im israelischen Parlament Knesseth wird eine außerordentliche Sitzung einberufen. Weder Frieden noch Krieg – eine Situation, die nicht mehr auszuhalten sei. Es müsse etwas Unorthodoxes geschehen! So gehe es auf keinen Fall weiter! Denn sowohl die politische als auch ökonomische Lage sei in der kritischsten Phase seit der Entstehung Israels. Verschiedene Parlamentarier geben ihre Meinung von sich, wie man die Situation verbessern könne, aber niemand hat einen besonders guten Vorschlag. Sodann steht ein Abgeordneter auf, der scheinbar aus einem Kibbuz stammt, und sagt: »Ich bitte um Gehör, denn ich habe die richtige Lösung: Wir erklären Amerika den Krieg. Und natürlich wird Amerika uns besiegen. Uns wird es also gehen wie den Deutschen und den Japanem, wir werden eine Art Marshallplan bekommen, der uns ökonomisch auf der Höhe hält, und politisch brauchen wir vor keinem Angst zu haben, wenn die Amerikaner unsere ›Beschützer‹ sind. Wir wären auf einmal alle Sorgen los.« Ein Raunen im Saal. Der Vorsitzende der Knesseth erklärt, daß doch immerhin dieser Vorschlag genial sei und bittet zur Abstimmung. Die Parlamentarier stehen auf und wollen ihre Entscheidung mitteilen, als plötzlich im Hintergrund ein Abgeordneter aufsteht und laut ausruft: »Bevor Ihr zur Abstimmung schreitet, verlange ich von Euch die Konstellation zu überdenken, was passiert, wenn wir den Krieg gewinnen …« (Zufrieden?)

So verbleibe ich in Erwartung, bald von Ihnen zu hören, mit den besten Wünschen und Grüßen

Artur Brauner

Berlin, 1. September 2000

Lieber Herr Brauner,

in Ihrem letzten Brief hatten Sie angekündigt, daß Sie, um den wetterlichen Depressionen – ich wußte nicht, daß Sie solche auch haben, denn es gibt ja im Leben eines Produzenten bestimmt noch einige andere – zu entgehen, Sonnengefilde aufsuchen wollten, deshalb habe ich nicht gleich geantwortet und hoffe nur, daß Sie schön braun geworden sind, obwohl diese Farbe jetzt leider schon wieder wirkliche Depressionen hervorruft. Aber ich hätte natürlich dennoch sofort antworten müssen und streue mir deshalb Asche auf's Haupt, was sehr praktisch ist, denn das führt dazu, daß meine Glatze kaum mehr zu sehen ist.

Auf der Bühne der »Goldenen Kamera«, mit der »verdiente Berliner« ausgezeichnet wurden, habe ich Sie natürlich sofort erkannt, mein Fernsehapparat hat ja einen großen Bildschirm, mich aber gewundert, daß René Kollo, der gerade das Metropol-Theater auf dem Gewissen hatte (?) und irgendwoanders wohnt, dort auch ausgezeichnet wurde.

Sie stellen die Frage, warum ich mich beklage, daß alte Filmstars erst für ihr Lebenswerk ausgezeichnet werden, wenn sie nicht mehr in der Lage sind, zu spielen, und dann fügen Sie hinzu, wenn ich demnächst eine Auszeichnung bekäme, könne ich immer noch tolle Theaterstücke und beste Dialoge schreiben, dies wäre der Kardinalunterschied. Ich wußte gar nicht, daß Sie in dieser Religion auch so bewandert sind.

Dies ist ein Vorabbrief, den ich auf dem Papier des IFAW schreibe, um das Geld, das ich spende, auszunützen.

Wir sehen uns heute abend bei der Premiere, und ich freue mich schon darauf, mit Ihnen ein Glas Wein zu trinken. Ich hoffe, daß Ihre Frau auch dabei ist, denn wie hieß die Serie vom Nova-Film-Meissner mit Recht: »Wie gut, daß es Maria gibt«!

Auf ganz bald

Ihr
Curth Flatow

Berlin, den 4. Oktober 2000

Lieber Herr Flatow,

Ihr letztes Fax, datierend vom 1. September 2000, stellt exakt das einundsechzigste Jahr des Ausbruchs des Zweiten Weltkrieges, von Hitler angezettelt, gewollt, vollzogen und mit fünfundfünfzig Millionen Opfern beendet, dar. In diesem Fax bringen Sie Ihre Hoffnung zum Ausdruck, daß ich »braun« geworden sei. Leider Gottes bin ich alles andere als »braun« gewesen, geblieben oder geworden, denn diese Farbe muß ich verständlicherweise hassen. Das bedeutet nicht, daß ich wie ein blasser, vom Leben bereits verlassener Mensch sein will. Ich hasse nur die braune Farbe und benutze daher weiße Creme und etwas Karottensaft, und diese Mischung bekommt mir …

Allerdings sehe ich nicht so gut aus wie Sie im »Tagesspiegel«, wo Sie zusammen mit Wolfgang Spier fotografiert sind, veröffentlicht am 2./3. Oktober 2000. Ich sehe mir die Gesichter der beiden ›Halbjuden‹ an und stelle nach ausführlicher Analyse fest: Es ist gar nicht so einfach, aus diesen beiden Halbjuden, einen GANZEN JUDEN zu machen. Ich würde meinen, daß man auch mit weniger Prozenten auskommen sollte – in Anbetracht dessen, daß sich im Laufe der letzten Jahrzehnte das Blut der ›minderen‹ Rasse mit der ›ausgewählten‹ Rasse (nicht des ausgewählten Volkes) vermischt hat.

Und nun zum Ernst der Lage: Seit ca. fünf Wochen habe ich von Ihnen weder weitere Schreiben noch Briefmarken erhalten. Wir sind alle dem lieben Gott so sehr nahe, daß eigentlich das Gewissen eine wesentlichere Rolle spielen sollte als im bisherigen Leben. Und Sie wollen mich doch nicht auf dem Gewissen haben! Ich warte sehnsüchtig auf Ihre geistreichen Zeilen, die mich aus dem desolaten Zustand, in dem ich mich befinde, herausholen. Hoffnungsstrahlen kommen auf, die Augen bekommen den alt-jungen Glanz und die Lust zum Leben kehrt zurück.

Ich hoffe, daß Sie wenig Zeit haben, in die Zukunft zu schauen, aus dem einfachen Grunde, daß wir keine Zukunft in vollem Sinne des Wortes mehr erwarten können. Wir leben mit der Gegenwart – ich hoffe, Sie tun es.

Meine Gegenwart ist leider wie die Vergangenheit, und die macht mir zu schaffen. So nahe, so dreidimensional – wenn ich mich filmisch ausdrücken darf – und so kraß war meine Erinnerung an das, was geschehen ist, noch nie. Vielleicht ist mein seelischer Zustand verbunden mit dem hergestellten Film »Von Hölle zu Hölle«. Der Grund, warum ich diesen Film unbedingt drehen wollte, liegt in der Tatsache begründet, daß ich am 3. Juli 1946 in Stettin auf meinen Cousin aus Tschenstochau wartete, dessen gesamte Familie umgebracht worden war. Er hatte seine Ankunft für diesen Tag über Bekannte angesagt, traf jedoch nicht ein. Ich hatte nämlich die Absicht, am 3. Juli nachts nach Kielce zu reisen, um dort meinen Schulfreund Bubi Weiner zu treffen, der dreieinhalb Jahre bei Tschechen in einer kleinen Ortschaft in Ostpolen, eigenartigerweise Berlin genannt, versteckt war. Er war bis aufs Skelett abgemagert und wog nur noch sechsunddreißig Kilogramm. Ihn wollte ich in unserer Nähe haben, um ihm die notwendigen Lebensimpulse zu vermitteln, da er ebenfalls seine gesamte Familie verloren hatte. Mein Cousin kam erst am 6. Juli an und rettete dadurch wahrscheinlich mein Leben.

Aber am 4. Juli fand das Pogrom in Kielce statt, ein Massaker, bei dem zweiundvierzig Menschen umgebracht wurden von wild gewordenen Polen, die auf bestialische Art die Flüchtlinge, die auswandern wollten und wie durch ein Wunder das KZ überlebt hatten, ermordeten. Er befand sich unter diesen Menschen. Somit wurde seine Familie fast komplett ausgelöscht … Mein Schicksal hieß dagegen: Leben! Und jetzt steht noch eine weitere, wichtige Verpflichtung an:

Am 29. und 30. September 1941 – also genau vor neunundfünfzig Jahren – sind 33.737 jüdische Seelen, hauptsächlich alte Männer, Frauen und kleine Kinder bzw. Säuglinge vom SS-Obersturmführer Paul Blobel in der Schlucht von Babij Jar in der Nähe der Stadt Kiew niedergemetzelt worden. Die gesamte jüdische Bevölkerung dieser Stadt wurde an nur zwei Tagen vernichtet. Die jüdischen Einwohner, die seit über tausend Jahren in der Stadt lebten, sind innerhalb von achtundvierzig Stunden dem Erdboden gleichgemacht worden. Angeführt wurde die Aktion von dem Alkoholiker Blobel unter Mitwirkung der Wehrmacht, die von Feldmarschall von Reichenau ihre schriftliche Order erhielt (er befehligte die 6. Armee, die später in Stalingrad ihre komplette Vernichtung erlebte).

So stehen mir alle Menschen die ich persönlich gekannt habe, Omas, Tanten, Onkel, Cousins und Cousinen und die Kinder vor Augen, und ich wache manchmal nachts auf und vernehme Worte, die wahrscheinlich in mein Gehirn eingespeichert sind, damit ich sie nicht vergesse. Und damit uns unvergeßlich bleibt, daß die Welt, diese kalte Welt den – insbesondere jungen – Menschen das Leben weggenommen hat, obwohl sie noch gar nicht zu Leben begonnen hatten.

Das Buch ist fertig und wir bereiten uns vor, den Film im Frühjahr beziehungsweise im frühen Sommer 2001 zu drehen. Dies wird mein zwanzigster Film um die wehrlosen Opfer des grausamsten Geschehens in der Geschichte unserer Welt.

Als ich »Babij Jar« als Film ankündigte und in der »Bild«-Zeitung darum bat, daß sich Zeitzeugen bei uns melden, um ihre Erlebnisse zu schildern, bekam ich einen Drohbrief – man wolle mich umbringen, wenn ich diesen Film produziere. Natürlich lasse ich mich von diesem anonymen Schreiben nicht abhalten. Aber der Brief beinhaltet einen Vorgang, mit dem ich bisher noch nie konfrontiert wurde, also Vorgänge, die es im Laufe der letzten fünfzig Jahre nicht gegeben hat.

Gleichzeitig mit dem pamphletartigen, im Brief enthaltenen Text, wurde mir auch eine »Ahnengalerie« übermittelt, die Sie sicherlich überraschen würde. Wer hätte sich – außer den unverbesserlichen Nazi-Mördern – vorstellen können, daß Herr Helmut Kohl als Henoch Kohn geboren wurde und daß seine Vorfahren galizische Juden waren? (Irgendwie habe ich schon immer eine Vorahnung gehabt, da Kohl so hundertprozentig ›typisch jüdisch‹ aussieht.) Es steht schon in der Bibel, daß das jüdische Volk Leid und Freud teilt und daß Leid nicht von der Freude abbringen darf.

So nehme ich mir die Freiheit, Ihnen doch noch einen Witz nahezubringen, um nicht tatsächlich in eine tiefe Depression zu verfallen. Ich hoffe, Sie können dabei lachen:

In der israelischen Stadt Petach-Tikva verläßt die Oma nach einer Feier ihrer Enkel die Wohnung, denn sie will in ihre eigene Wohnung zurückkehren und es ist Mitternacht. Sie hat aber vergessen, daß wegen Kanalisationsarbeiten der übliche Weg versperrt ist. Sie muß über den Friedhof laufen, um nach Hause zu gelangen. Sie zittert natürlich vor Angst, kommt in die Nähe des Friedhofes, überlegt, ob sie diesen überqueren soll und will schon umkehren, als sie plötzlich einen Mann mit einem schlohweißen Bart entdeckt. Sie geht auf ihn zu und sagt: »Gott sei Dank, daß Sie hier sind. Wollen Sie auch auf die andere Seite?« Antwortet der Mann: »Ja natürlich, ich komme mit.« Sie hakt sich bei ihm unter, blickt ihn an und sagt zu ihm: »Also ich zittere am ganzen Körper und wundere mich, daß Sie keine Angst haben, mein Herr.« Darauf dieser: »Als ich gelebt habe, habe ich auch Angst gehabt.«

Nun bin ich neugierig, wie Ihre ›Revanche‹ aussehen wird und nach welchen Kriterien Sie das nächste Schreiben verfassen. Jedenfalls hoffe ich, daß Sie Ihre Zeilen bei voller Gesundheit – abgesehen von den kleineren Übeln, die das Alter nun mal mit sich bringt und unter denen wir alle zu leiden haben – aufsetzen.

In diesem Sinne verbleibe ich mit dem besten Gruß, auch an Ihre Frau, für heute

Ihr
Artur Brauner

Berlin, 13. Oktober 2000

Lieber Herr Brauner,

nach einem kurzen Zwischenbescheid jetzt endlich der Brief. Er wird diesmal keine Witze enthalten, die politischen Ereignisse sind nicht so

Zuerst einmal, zu dem Foto von Spier und mir. Es ist wirklich nicht so einfach, aus zwei Halb- einen ganzen Juden zu machen, aber auch keinen ganzen Christen. Im ›Dritten Reich‹ habe ich einmal ein Gedicht über uns Mischlinge gemacht, davon fallen mir allerdings jetzt nur noch zwei Strophen ein:

Man zerbricht sich über unser Blut
den Kopf an mancher Stelle,
man kennt uns leider viel zu gut,
wir sind die Zwischenfälle.

und es endet:

Ich find' mein Leben trotzdem nett,
und wenn einmal erlischt es,
bringt meinen Nachruf die BZ
in der Rubrik: Vermischtes!

Neulich hatte ich Besuch von einem Freund, mit dem ich vor ungefähr sechzig Jahren zusammen im Reichsarbeitsdienst war. Keiner wußte etwas von seiner gemischten Abstammung, aber er wußte über uns alle Bescheid. Obwohl er nun wirklich jüdisch aussah – die Gene der Mutter waren stärker – hatte man ihn ins Büro beordert und ihm sogar eine Karriere im Arbeitsdienst angeboten.

Soweit über Rassemerkmale, von denen man damals so viel sprach. Wir waren zu fünft, und jetzt sind wir die letzten beiden Mampes, wie wir uns damals nannten – nach »Mampe halb und halb« – und haben uns nie aus den Augen verloren. Er hatte Kehlkopfkrebs und spricht nur mit Hilfe eines elektrischen Instruments, das er an seinen Hals hält. Aber er hat sich damit abgefunden – was soll er sonst auch machen –, und man kann ihn sehr gut verstehen. Seine Mutter, der jüdische Teil der Familie, mußte sich in den letzten Kriegstagen verstecken, aber mit Hilfe der Bescheinigung einer Ortsgruppe der NSDAP, die gerade von den Alliierten überrollt worden war, wurde ein Formular gefälscht, das ich am Sonntagvormittag in der Firma Gehringer & Glupp abgezogen habe. Sie ist damit sogar zu einer Ortsgruppe in Cottbus gegangen, man hat ihr ihren neuen Namen geglaubt, und sie überlebte.

Daß Sie den Film »Von Hölle zu Hölle« drehen, ja drehen mußten, kann ich gut verstehen, und ich muß Ihnen meine Bewunderung ausdrücken, fürchte aber, daß gerade die, die es sehen müßten, gar nicht erst ins Kino gehen.

Es ist schlimm, wie viele Zukünftige von Gestrigen beeinflußt werden, denn daß diese Schaftstiefelhelden von allein auf solche

Drohungen kommen, kann ich mir nicht vorstellen. Es gab ja schon früher kleine Anzeichen, anonyme Briefe usw., jetzt trauen sie sich sogar unter eigenem Namen zu schreiben.

Ich erinnere mich an das Weib, das mich am Telefon »Judensau« nannte und dann sofort auflegte, so daß ich ihr nicht mehr erklären konnte, daß das beides nicht genau stimmte, denn erstens bin ich nur ein fünfzigprozentiger und zweitens halte ich mich zu Recht für einen Eber. Der Anruf kam übrigens, nachdem die Sendung »Noten, die verboten wurden« im Fernsehen lief, und der wichtigste Satz, den ich damals meinem Freund Hans Rosenthal in den Mund legte, war: »... wir müssen wach sein, damit wir ruhig schlafen können!«

Leider hat man bei uns geschlafen, man hätte sich längst in den Schulen mit der Vergangenheit auseinandersetzen müssen. Das hat man nicht getan. Ich weiß, daß unsere Pamela, als sie aus meinem Stück »Durchreise« kam, sagte: Jetzt hätte sie überhaupt zum ersten Mal etwas von dem erfahren, was im ›Dritten Reich‹ vor sich gegangen ist. In der Schule hätte man darüber nie gesprochen.

Die »Ahnengalerie« von Helmut Kohl hat mich sehr überrascht. Wenn das stimmen würde, hätte er sich bestimmt in der Spendenaffäre vernünftiger verhalten und nicht seine ganze Partei in den Keller gebracht.

Komisch, wenn ich jetzt die ›Lippenbekenntnisse‹ von Politikern höre oder lese, glaube ich vieles, was die ›Betroffenen‹ von sich geben, nicht ganz. Man wird so mißtrauisch.

Schrecklich, jede Religion reklamiert den lieben Gott für sich, wenn sie ihn auch anders nennt, der Papst, die Christen, die Juden und die Moslems. Dabei kann es nur einen geben.

Ein sehr kluger Mann hat neulich geschrieben, daß es in der Zukunft nur Religionskriege geben wird. Wenn ich abends vor dem Fernseher sitze, fürchte ich, daß er Recht behalten wird.

Ich hoffe, wenn ich den nächsten Brief schreibe, hat sich die Situation soweit entschärft, daß ich wieder witzig sein kann.

Mit herzlichen Grüßen an Ihre Familie

Ihr
Curth Flatow

Berlin, den 31. Oktober 2000

Lieber Herr Flatow,

Ihr Schreiben vom 13. Oktober ist wohl das innigste, gleichzeitig aber auch das traurigste aller bisher von Ihnen verfaßten Briefe an mich.

Ja, wenn man beginnt nachzudenken, wie wir leben, wo wir leben und sogar wozu wir leben, scheint es manchmal opportuner, ein Analphabet oder geistig etwas begrenzt zu sein, um sämtliche akute Komponenten zu vergessen, die Vergangenheit eingeschlossen. Denn die Gegenwart wird für mich zur Vergangenheit und diese wiederum zur Gegenwart. Es ist nun leider meine Maxime in der letzten Zeit, und die werde ich nicht los …

Ihre Offenbarung, wie Sie die Nazi-Zeit er- und überlebt haben, scheint erst in der Gegenwart richtig zu wirken. Sie haben sicherlich jahrzehntelang diesen Tatbestand verdrängt – egal ob bewußt oder unbewußt. Die von Ihnen erdachten und zitierten Gedichtstrophen scheinen meine Annahme zu bestätigen.

Es ist beinahe profan, was ich nun von mir geben werde:

Wie lächerlich und unwichtig ist der Tatbestand, daß hier und da Scheiben in einer Synagoge eingeschlagen werden oder ein Brandsatz gelegt wird, wenn ich diese Handlungen vergleiche mit den Drehbuchseiten siebenundsechzig bis siebzig in dem geplanten Film über Babij Jar, wo einige hundert betende Menschen am Neujahr des Jahres 1941 bei lebendigem Leib und vollem Bewußtsein verbrannt wurden – von der SIPO, der SS und der ukrainischen Miliz eingesperrt.

Wie soll ich mich davon erschüttern lassen, wenn ein palästinensisches Kind im Alter von zwölf Jahren, Steine auf die Israelis werfend, von einer Kugel getroffen wird (und dies mit hundertprozentiger Sicherheit nicht absichtlich), wenn ich dies assoziiere mit den wohl grausamsten Verbrechen der Nazis aber auch der Wehrmacht, denn die 6. Armee unter der Führung von Feldmarschall von Reichenau ist von diesem zur Verfügung gestellt worden, um die jüdische Bevölkerung Kiews auszurotten. Die gleiche Gruppe hat am selben Tag vor neunundfünfzig Jahren ca. viertausend Kinder er-

46

schossen oder zum Teil – um Kugeln zu sparen – lebendig begraben. Wie ich anfangs erwähnte, sind dies profane Gedanken, aber ich muß ein Junktim schaffen, weil ich mich mit dieser Materie befasse und die Gegenwart wie die Vergangenheit plastisch vor mir sehe und erlebe.

Natürlich haben Sie recht, wenn Sie die Meinung äußern, daß diejenigen, die einen Film wie »Von Hölle zu Hölle« ansehen müßten, ihn vermutlich meiden werden. Aber im Fernsehen – und der Film ist vom ZDF erworben worden – sehen ihn Millionen schon bei der ersten Ausstrahlung. Hinzu kommen noch einige weitere, so daß diesen Film letztendlich mindestens rund zehn Millionen Zuschauer erleben werden. Und der Wirkung des Films kann sich keiner entziehen. Irgendwie bleibt es im Gehirn verankert, und so hoffe ich, daß bei passender Gelegenheit entsprechende Reaktionen um der Humanität willen erfolgen.

Ich bin mir nicht sicher, weshalb ich von solchen gemeinen Anrufen, wie Sie sie schildern, verschont geblieben bin. Vielleicht, weil ich von dieser Gruppe respektiert werde, weil ich Karl-May-, Wallace-, und Mabuse-Filme gedreht habe?! Jedenfalls habe ich im Laufe der fünf Jahrzehnte nicht mal zehn Schmähbriefe erhalten. Und zwei von diesen waren von ehemaligen Mitarbeitern, die entlassen worden sind – wie sich später herausstellte. Diesbezüglich kann ich mich also nicht beklagen, insbesondere kann ich froh sein, daß ich bisher tausende von Fanbriefen erhalten habe – und dies gilt bis heute –, die zum Teil voller Bewunderung für meine Person sind und um Autogramme bitten.

Nun, jetzt kommen wir zum witzigen Teil. Angesichts der Tatsache, daß seit einigen Tagen im Heiligen Land Ruhe herrscht, muß ich Ihnen einen obligatorischen Wirz zur Kenntnis bringen:

Ein Bekannter von mir feiert gleichzeitig seinen achtzigsten Geburtstag und diamantene Hochzeit. Viele Gäste sind geladen, darunter auch ich. Die Tische sind mit Delikatessen, Früchten und Kaviar bestückt. Die Ehefrau, die die Gratulationen in Empfang nimmt, weiß nicht, was sie zuerst machen soll, da mehr Gäste gekommen sind als geplant. Sie scheint nicht fertig zu werden, worauf der Ehemann ihr laufend zuruft: »Spätzchen, Mäuschen, Kätzchen, Täubchen« usw. Ich komme nicht aus dem Staunen heraus und frage ihn: »Leo, sagen Sie bitte, nach sechzig Jahren ruft ein Ehemann seiner Gattin noch liebkosende Worte zu? – Das ist doch ungewöhnlich!« Sagt er: »Das ist ganz einfach, ich habe ihren Namen vergessen …«

So bleibt zu hoffen, daß, während Sie meinen Witz verarbeiten, im Heiligen Land weder die Steine hageln noch die Kugeln pfeifen.

Indem ich mit großer Spannung die Entgegennahme der Nachrichten über Ihren Seelenzustand erwarte, verbleibe ich für heute mit den besten Grüßen auch an Ihre Frau

Ihr
Artur Brauner

Berlin, 13. November 2000

Lieber Herr Brauner,

lange habe ich schon nicht mehr einen so ausführlichen Brief von Ihnen erhalten. Ich merke aber, daß Sie ein unerschütterlicher Optimist sind. Sie denken, wenn » Von Hölle zu Hölle« im Fernsehen läuft, daß der Film dann von Millionen gesehen wird. Ich bin mir leider ganz sicher, daß viele schon nach zehn Minuten weggezappt haben und sich lieber ansehen, wie Günther Jauch wieder einmal einen Menschen nicht zum Millionär gemacht hat. Unser Fernsehprogramm geht ja, was die Gewinne betrifft, jetzt nur noch mit Millionen um, billiger wird's nicht, und es ist erstaunlich, wie viele erwachsene Menschen sich »Big Brother« ansehen. Eben habe ich den »Spiegel« aufgeschlagen und finde einen mehrseitigen Artikel über Jenny Elvers. Ich frage mich immer: wer ist das eigentlich? Was hat diese Frau geleistet, außer daß Sie mit Herrn Lauterbach ins Bett gegangen ist und von einem anderen ein Kind bekommt, und der andere verläßt sie während der Schwangerschaft? Sie hat Titelseiten bekommen wie Christoph Daum. Künstlerisches habe ich von ihr noch nicht gesehen, außer im »Playboy«, der bei unse-

48

rem Friseur ausliegt. Immer wenn einem von uns beiden Brüdern die Haare geschnitten werden, wühlt der andere im Fleisch.

So, und nun etwas anderes. Ich bin wirklich ein Bewunderer von Paul Spiegel und fand seine Rede viel besser als die der Politiker am 9. November 2000. Nur, daß er den Begriff »Leitkultur«, den ich lächerlich finde, so falsch interpretierte. Paul Spiegel muß doch wissen, wie er gemeint ist. Die Juden hatten im ›Dritten Reich‹ eine Leidkultur, aber gerade die CDU hat doch wahrlich etwas anderes in ihrem Programm.

Ich gehe jetzt, allerdings nicht mit flotten Schritten, auf die Einundachtzig zu, Sie sind noch ein paar Monate älter, trotzdem arbeiten wir – weil wir gar nicht anders können. Aber ich muß feststellen, daß das Können doch etwas schwieriger und anstrengender geworden ist. Ich lebe zum Beispiel in fast namenlosem Elend, denn ich vergesse andauernd Namen. Das war allerdings schon vor zehn Jahren so. Ich weiß noch genau, daß ich bei einer Juhnke-Sendung erzählte, wie sehr ich sein Gedächtnis bewundere. Ich könnte nie Schauspieler werden, weil ich mir eine ganze Rolle kaum merken würde. Ich sagte damals, ich hätte alles mögliche gegen meine Vergeßlichkeit unternommen. Ich war schon bei zwei Psychiatern und dreimal in der Gedächtniskirche, aber es hat nichts genutzt.

Eines werde ich nicht vergessen, mein Trip mit Peer Schmidt zu Castorfs Volksbühne. Da wird »Des Teufels General« von Corinna Harfouch gespielt und die weiblichen Figuren fast alle von Männern, wobei sich der Brusthaarwuchs nicht gut mit dem Dekolleté vertrug. Nachdem sich die Harfouch in Uniform mehrere Male auf Damen geschmissen hat, hatten wir genug und haben uns durch die vollbesetzten Reihen zum Ausgang gedrängt.

Ich weiß nicht ob ich ein ewig Gestriger bin, aber ich weiß wirklich nicht, was uns die Zukunft noch Gutes bringen kann. Wenn ich wenigstens schwul wäre, dann dürfte ich jetzt heiraten. Aber wir sind ja Gott sei Dank normal und wollen es auch bleiben, obwohl in den letzten Jahren einige Familienväter ins andere Fach übergewechselt sind. Neulich lief im Fernsehen ein Film, in dem Dominique Horwitz einen Familienvater spielte, dessen Familie bald zwei Mütter haben sollte. Die Kamera begleitete den armen Mann bis zum Fenster des OPs, wo ihm das nützliche Glied der Ge-

*sellschaft entfernt werden sollte. Es war alles hervorragend ge-
spielt, und ich mag den Horwitz sehr, aber das Fernsehspiel verur-
sachte bei mir Schmerzen. Raten Sie mal in welcher Gegend.*

*Am Sonnabend wurde eins meiner erfolgreichsten Stücke, »Das
Geld liegt auf der Bank«, im Staatstheater Kassel aufgeführt. Man
hat einen ganz jungen Regisseur genommen, dessen Namen ich mir
sorgfältig notiert habe, damit er nie wieder an ein Stück von mir
rankommt. Er hat das Stück ohne Pause spielen lassen, im ersten
Bild wurden den beiden Jungs Gummimasken übers Gesicht gezo-
gen. Warum? Ich weiß es nicht. Zwischen den Bildern tanzten immer drei Damen, woher die kommen und was sie bedeuten sollen,
weiß ich ebenfalls nicht. Zwei Mitglieder des Verlages sind zur
Hauptprobe nach Kassel gefahren, waren entsetzt und ordneten
an, daß die Aufführung nur wenige Male stattfinden kann – und
zwar nur in dieser Saison.*

*An dem Tag, an dem die Bloch Erben-Leute wütend aus Kassel
zurückkamen, erreichte mich ein Brief des Intendanten, in dem er
mich herzlich zur Premiere, zu einem anschließenden Empfang und
Essen eingeladen hat. Ich habe ihm dann sehr höflich geschrieben,
daß mir nach der Aufführung bestimmt der Appetit vergangen sein
wird, und ich möchte nichts auf einem Teller liegenlassen.*

*Nun ja, jetzt fliegen wir zu einer Uraufführung nach Wien. Ich
höre von Schauspielern und Regisseur, wie viel Spaß ihnen das
Stück bei den Proben macht und kann nur hoffen, daß die Zuschauer ebenso begeistert sind. Ich erinnere mich immer noch an
Carl Böse. Wenn bei der Vorführung der gedrehten Schnittbilder
gelacht wurde, meinte er immer, das Publikum solle später über den
fertigen Film lachen und nicht die Anwesenden, am Film Beteilig-
ten. Ich seh' den Böse immer noch vor mir. Im Alter scheint einen
die weit zurückliegende Vergangenheit einzuholen. Ich fühle mich
in den letzten Jahren meinem Vater, den ich mit siebzehn Jahren das
letzte Mal sah, immer mehr verbunden. Ich habe das Gefühl, er ist
ganz nah bei mir.*

So, und nun zum heiteren Teil der Veranstaltung:

*In einem kleinen Dorf in Galizien wurde vor dem Ersten Welt-
krieg ein Plakat angeschlagen, auf dem zu lesen war, daß Simon
Teichtelwitz, der einzige jüdische Seiltänzer Galiziens, dort seine*

50

Kunst zeigen wird. Am nächsten Wochenende wurde ein Drahtseil angebracht, das vom höchsten Hause des Ortes bis zum Kirchturm führte. Die Menge mußte Eintritt bezahlen und erwartete das Ereignis dicht gedrängt auf dem Markplatz. Dann nahte ein Pferdewagen, ein kleines altes Männchen stieg heraus und erklomm die Strickleiter, die zum Seil führte. Als er oben stand applaudierten die Zuschauer. Teichtelwitz trat auf das Podest, auf dem das Seil angebracht war und hielt eine kleine Rede: »Meine Damen und Herren, hier oben steht Simon Teichtelwitz, der einzige jüdische Seiltänzer Galiziens. Wenn ich jetzt das Seil betrete, könnte es passieren, daß ich stolpere oder mich ein Unwohlsein befällt, dann stürze ich herab, und es gibt keinen einzigen jüdischen Seiltänzer mehr in Galizien. Wollt ihr das?« »Nein!«, schrien die Zuschauer wie aus einem Munde. Simon Teichtelwitz dankte dem Publikum, kletterte wieder herunter, setzte sich in seinen Pferdewagen und fuhr zum nächsten Dorf. Was soll ich Ihnen sagen? Er wurde Millionär und starb einige Jahre später an Altersschwäche.

Frau Joachim, die mir gegenüber sitzt, meinte, ein paar Jahre später hätte die Menge wahrscheinlich »Ja« geschrien. So macht sie mir die besten Witze kaputt.

So, nun mach' ich Schluß und kann Sie nur bitten, mir am 20. November 2000 die Daumen zu drücken. An diesem Abend ist nämlich die Uraufführung in Wien. Mein ursprünglicher Titel lautete »Rock und Bluse oder paßt das etwa nicht zusammen?« Es ist die Liebesgeschichte eines Rocksängers mit einer etwas älteren Blusenfabrikantin. Aber die Wiener wollten diesen Titel nicht. Ich erfand einen neuen, »Je jünger, je besser«, und den fanden sie sehr gut.

Mit den besten Grüßen, auch an Ihre Frau, die ich sehr, sehr gern habe, aber da sind Sie mir ja vor einigen Jahren leider zuvorgekommen, verbleibe ich

Ihr
Curth Flatow

Berlin, den 27. November 2000

Lieber Herr Flatow,

seit vierzehn Tagen bin ich Ihnen eine Antwort schuldig auf Ihr geistreiches Schreiben vom 13. November 2000.

Also, zuerst darf ich festhalten, daß die Filme um die Opfer der braunen Pest im TV tatsächlich von vielen Millionen gesehen werden. Wir haben ja die Daten und können entsprechendes feststellen. Außerdem hätte das ZDF nicht beinahe alle Filme um dieses Thema erworben, wenn die Zuschauerzahlen negativ wären. Vor kurzem haben wir sogar an ARTE einen Film vergeben, den ausnahmsweise der Leiter der Spielfilmredaktion des ZDF nicht akzeptierte. Insofern habe ich die wichtige Aufgabe, die ich mir selbst schon bei Beginn meiner Produktionstätigkeit stellte, erfüllt. Wenn es so bleibt, werden die Zuschauer nicht Günther Jauch, sondern mich zum Millionär – zum ›Zuschauer-Millionär‹ – machen.

Den schizophrenen Fall um »Big Brother« kann ich nicht nachempfinden. Es ist ein Geheimnis der menschlichen Seele, ein Vorgang, der für mich absolut unverständlich ist. Und hier kommen wir – und mit uns sicherlich viele andere – einfach nicht mehr mit. Denn die Sendungen sind für mich das langweiligste, uninteressanteste auf dem TV-Bildschirm.

In Bezug auf Paul Spiegel kann ich nur feststellen, daß sich die Weichen umstellen, und das bedeutet, daß er nur das sagen darf, was die Öffentlichkeit von ihm erwartet und keine Jote mehr! Es gibt eine rote Grenze, sowohl für ihn als auch für Michel Friedman, die beide nicht überschreiten sollen, da sie sofort das gesamte Spektrum der Öffentlichkeit gegen sich aufbringen. Kurz gesagt: Sie dürfen und müssen nur die Äußerungen von sich geben, die man von ihnen wünscht – alles darüber hinausgehende wirkt sich schädlich aus.

Warum erinnern Sie mich an den Tatbestand, daß ich älter bin als Sie?! Diese Tragödie der früheren Geburt versuche ich zu vergessen, und Sie erinnern mich daran! Ich habe den Journalisten erklärt, daß, sofern sie mein ›jugendliches Alter‹ nennen würden, ich denen nicht mehr für Interviews zur Verfügung stünde. Seitdem lese ich nur sporadisch, wie nahe ich Gott bin ...

Ich stelle in der letzten Zeit auch fest, daß mein Gedächtnis mich manchmal im Stich läßt: Von den ca. siebenhundert Telefonnummern, die ich im Kopf gespeichert habe, fällt mir die eine oder andere Nummer nicht mehr ein. Vielleicht habe ich die verdrängt, vielleicht für nicht so wichtig gehalten. Jedenfalls ärgert mich diese Tatsache, und das führt dazu, daß ich auf technische Art neue Nummern in mein Gehirn ›einimpfe‹. Ich habe hierzu eine besondere Methode entwickelt (ich habe schon überlegt, ob ich zur Gedächtniskirche gehen soll, aber dort wird ja »Jedermann« nicht mehr gegeben – wäre also nutzlos).

Apropos Gedächtnis, da habe ich ein kleines Bonmot:

Ein Mann kommt zum Arzt und erklärt ihm, daß er an Gedächtnisschwäche leide, worauf der Arzt ihn fragt: »Seit wann, mein Herr?« Die Antwort des Patienten lautet spontan: »Wovon sprechen Sie, Herr Doktor?«

Wer auf die ›geniale‹ Idee kam, Corinna Harfouch als Mann im Stück »Des Teufels General« zu präsentieren, ist nicht zu beneiden. Welchen Sinn soll diese Umwandlung hergeben? Mich würde so etwas aber nicht tangieren, weil ich bekanntlich lesbisch bin ...

Es macht wenig Sinn, sich zu bemitleiden, wenn man solche untauglichen Versuche erlebt und über sich ergehen läßt. Sie haben Millionen von Menschen das Lachen beigebracht, Sie haben kein einziges vulgäres Stück geschrieben, keinen einzigen profanen Dialog eingesetzt. Sie haben ein reines Gewissen, und hier darf ich mich ebenso einschalten, weil im Verlauf meines gesamten Lebens ich mich nicht eines vulgären Ausdrucks bedienen mußte.

Es ist zwar knapp fünf Uhr morgens von Sonntag zu Montag, aber ich würde das Diktat gerne fortsetzen, wenn ich nicht schon das letzte Band besprochen hätte.

Ich darf Ihnen noch mitteilen, daß zwei wichtige Vorgänge, die nicht mitgeteilt werden, was aber im nächsten Schreiben nachgeholt wird, zu vermerken sind.

Und zum Schluß noch ein Bonmot, sofern das Band ausreicht:

Zwei ältere Damen treffen sich. »Elisabeth«, sagt die eine, »was ist denn Deines Mannes größtes Hobby?« Antwortet Elisabeth: »Natürlich ich.« Daraufhin die Freundin: »Mein Mann liebt auch Antiquitäten.«

Für heute verbleibe ich, indem ich Ihnen alles Gute wünsche, mit den besten Grüßen

Ihr
Artur Brauner

Berlin, den 13. Dezember 2000

Lieber Herr Flatow,

lange Wochen sind vergangen, seitdem Ihre geistreichen Gedanken mein Haus bereicherten. Wir haben nicht mehr allzu viel Zeit zur Verfügung, um diejenigen Komponenten von uns zu geben, die unsere Familien – bestehend aus Frauen, Kindern und Enkeln – von uns erwarten. Bei den letzten Premierenfeiern bin ich Ihnen nicht mehr begegnet. Bei der Bankfiliale, bei der wir gemeinsam Geld abheben – wahrscheinlich manchmal solches auch einzahlen –, erhielt ich ebenfalls die Mitteilung, daß man buchstäblich darauf wartet, daß Sie über Ihr Geld disponieren. So kann ich nur noch den Gedanken hegen, daß Sie versuchen, sich rar und somit kostbar zu machen. Eigentlich eine sehr gute Handhabung, der ich Respekt zolle.

Mit der Annahme, daß Sie ein neues Stück geschrieben haben, liege ich wahrscheinlich nicht falsch. Das Schicksal ist mir nicht hold, weil es mir nicht vergönnt ist, auch nur sechzig Prozent Ihres kreativen Gehirns zu besitzen. Während bei Ihnen die spritzigen Dialoge wie aus einem ›Protze‹ kommen, muß ich mich zeitweise stundenlang mit solchen Aufgaben herumplagen. Soeben bin ich fertig geworden mit einem Schreiben an ein Finanzamt – es dauerte über dreieinhalb Stunden, und am Ende bin ich nicht mal sicher, ob der Leiter der Behörde meine Argumente überhaupt berücksichtigen wird. Dabei geht es schon um recht hohe Beträge. So stelle ich mir die Frage, ob ich diese Stunden nicht wichtigeren Aufgaben widmen sollte.

Ich glaube sagen zu können, daß eine Erhöhung der Fax-Zeilen, die an Sie gerichtet sein werden, sicherlich mehr Sinn aufweisen.

54

Aber warten wir es ab ...

Ich muß Ihnen schon etwas berichten über mein Leben – von innen und außen gesehen – und die letzten Wochen betreffend:

– Einladungen über Einladungen!

– Man weiß nicht mehr, wen man mit einer Zusage beglücken soll und wen durch Absage traurig macht.

– Man bekommt direkt ein schlechtes Gewissen und dieses benötigt man ja für wichtigere Lebensinhalte.

– Konfrontiert wurde ich mit der langbeinigen, langhaarigen und attraktiven Claudia Schiffer. Ich habe sie von unten nach oben und umgekehrt analysiert und stellte mir letztendlich die Frage, warum diese Lady, die doch schon vom lieben Gott mit besonders langen Beinen ausgestattet wurde, noch zehn Zentimeter hohe Absätze tragen muß. Ich traute mich nicht an sie heranzutreten, um ihrem Busen nicht zu nahe zu kommen. Boris Becker, der im Zentrum aller TV-Kameras und Fotografen stand, tat mir eigentlich leid. So viele Millionen Ehepaare lassen sich scheiden und erleben diesen Vorgang in aller Stille, er dagegen: Blaß sah er aus. Persönlich habe ich ihn gern, weil er ein sehr integrer, politisch denkender Mensch ist – sicherlich wegen seiner Babs ...

– Die Aids-Gala, die »Bambi«-Verleihung, die Premieren im Friedrichstadtpalast, im Wintergarten, in den Theatern, die privaten Parties und Events – ein Konglomerat von Ereignissen, die vor dreißig bis vierzig Jahren den gegenwärtigen Stand hätten einnehmen sollen. Aber dann wären wir entweder schon ins Jenseits gerückt durch den übermenschlichen Versuch, den wunderbaren Rummel über uns ergehen zu lassen, oder wir befänden uns in therapeutischer Behandlung.

So sitze ich zum Beispiel bei der letzten »Bambi«-Verleihung, ausgestattet mit einem Aufwand von sicherlich drei Millionen DM, bunt, großzügig, berauschend –, man wird einfach involviert und erlebt den Augen- und Ohrenschmaus voller Genuß.

Wenn ich aber im Auto sitze, meine Maria auf der rechten Seite, sieht man das Vergangene und soeben Erlebte und denkt nach, was noch in der gleichen Nacht zu absolvieren wäre.

Und so komme ich auf den gegenwärtigen Stand, der wegen der negativen Umstände zu einem bösen Ende für mich führen könnte:

Ununterbrochene, nächtliche Beschäftigung mit dem Film »Babij Jar« und somit mit der Auslöschung von rund vierunddreißigtausend Seelen. Ich bin konfrontiert mit dem Ungeheuren, dem unglaubwürdig Makabren, dem monströsesten Geschehen, das je in der Geschichte der Menschheit stattfand, nämlich mit dem Tatbestand, daß rund achttausend Kinder lebendig begraben wurden in der Schlucht von Babij Jar. Ich sehe sie vor mir, sowohl die Mörder als auch die Opfer. Ich höre die Schreie, das Jammern der Kinder, die verzweifelten Gesichter der Mütter und Väter, die ängstlichen Mienen der Kinder, und ich höre die Maschinengewehre und vor allem die amerikanischen, lustigen Melodien, die während der Exekution pausenlos gespielt wurden. Eine andere Welt tut sich vor mir auf: Eine Welt des Grauens und eines Infernos, wie es sich das menschliche Gehirn kaum vorstellen kann. Und der Gedanke, daß noch sehr viele dieser Täter, dieser zynischen Mörder, die die Menschen belogen haben, daß sie mit dem Zug in ein Gebiet außerhalb der Front gebracht werden, um zu arbeiten, diese gemeinste Lüge, die verbreitet wurde um Panik zu vermeiden, geht mir nicht ab. Letztendlich wird sich das Massaker, die Tragödie von Babij Jar, auf meine Psyche auswirken, davon bin ich fest überzeugt.

Nun können Sie selbst erleben, wie ich – ohne es zu wollen – schon wieder bei den wehrlosen, betrogenen Opfern gelandet bin, und ich meine, es wäre besser, nun mit den Offenbarungen aufzuhören und Ihnen das Thema nicht unendlich vorzutragen. Denn Sie sollen ja beflügelt werden von lustigen Ereignissen. Sie brauchen ja einen ruhigen Hintergrund ohne Belastungen für Ihren Schaffensprozeß. So werde ich, da normalerweise bei jüdischen Nationen Freud und Leid nebeneinander liegen, Ihnen noch die üblichen Bonmots – auch Witze genannt – vermitteln in der Hoffnung, daß Sie es mir nicht übel nehmen.

Bonmot Nr. 1:
In Tel-Aviv kommt ein Amerikaner in einen Laden, um einen Vogel zu kaufen. Er sieht sich um, hört den einen oder anderen Vogel zwitschern, will schon den Laden verlassen, als ihm plötzlich ein Kanarienvogel besonders gefällt, der wie der liebe Gott trällert. Der Tourist vereinbart den Preis, der Ladenbesitzer packt den Vogel ein

und verabschiedet sich mit einem »Shalom« von ihm. Zwei Stunden später ist der Amerikaner zurück, empört und mit Schaum vor dem Mund: »Sie Betrüger, Sie Gangster! Was für einen Vogel haben Sie mir verkauft?« »Den Vogel, den Sie ausgesucht haben.« Der Amerikaner: »Ja, aber der hat ja nur ein Bein!« Der Inhaber: »Habe ich Ihnen einen tanzenden oder singenden Vogel verkauft?«

Bonmot Nr. 2:
Ein Ehepaar ist schon seit fünfundzwanzig Jahren verheiratet. Sie beschließt, auf ihn wirken zu wollen und kauft schwarze Dessous, die soeben aus Paris eingetroffen sind. Sie sollen helfen, ihren Mann aus der Lethargie herauszuholen. Sie zieht die Wäsche an, steht in der Tür und sagt: »Georg!« Er sitzt jedoch vor dem TV und schaut Fußball. Sie kommt etwas näher und sagt: »Georg, schau mal.« Sagt er: »Ja, einen Moment, beinahe wäre ein Tor von Hertha geschossen worden.« Ingrid sieht, daß sie so nicht weiterkommt, da nähert sie sich ihrem Mann ganz nah und beginnt, sich an ihn zu schmiegen »Georg, schau mal ...« Er hebt endlich den Kopf, sieht sie entsetzt an und ruft: »Um Gottes Willen, ist was mit Deiner Mutter?«

Bonmot Nr. 3:
Elisabeth ist zur Kur und telegrafiert nach den ersten beiden Wochen an ihren Mann: »Lieber Moritz, ich habe in den ersten beiden Wochen die Hälfte des Gewichts abgenommen.« Moritz überlegt einen Moment und telegraphiert zurück: »Bleib noch weitere zwei Wochen dort!«

So, dies wäre es für heute. Lieber Herr Flatow, ich hoffe, Sie sind mir nicht böse, daß Sie so viele Zeilen von mir erhalten. Ich habe, ehrlich gesagt, keine Ahnung, wie viele Seiten es werden. In der Hoffnung, daß Sie dieses Schreiben bei bester Gesundheit erreicht, verbleibe ich für heute

mit den besten Wünschen auch an Ihre Frau

Ihr
Artur Brauner

Lieber Herr Brauner,

erst heute komme ich dazu, Ihnen auf die Briefe zu antworten, die Sie mir geschickt haben. Aber es war etwas zuviel los. Diese Feierei, einmal viermal hintereinander: 75. Geburtstag von Frau Zeunert, festliches Essen der Berliner Pressekonferenz, Goldene Hochzeit von Susanne von Almassy und Rolf Kutschera und dann noch die Weihnachtsfeier von Bloch Erben. Das hatte, wie ich meiner Waage entnahm, schwerwiegende Folgen, die kaum zu tilgen sind. Das einzige was bei mir abnimmt, ist das Gehör.

Nun zu Ihrem Brief: Natürlich bin ich Ihnen nicht böse, daß ich so viele Zeilen von Ihnen erhalten habe. Im Gegenteil etwas beschämt, daß Sie immer einen großen Teil Ihrer Nachtruhe opfern, während ich tagsüber schreibe. Ich brauche immer meine acht Stunden Schlaf, anschließend frühstücke ich, löse zwei Kreuzworträtsel, und dann fange ich eventuell an zu arbeiten. Oft genug sitze ich den halben Tag herum, wälze Gedanken – nicht mich, ich habe mich ja schon acht Stunden gewälzt – im Kopf herum, und urplötzlich, nachmittags gegen siebzehn Uhr, setze ich mich ahnungslos an den Schreibtisch, und eine dreiviertel Stunde später ist ein Bild von meinem neuen Stück fertig.

Mein viertletztes Stück » Rock und Bluse oder paßt das etwa nicht zusammen?«, drei habe ich ja inzwischen schon wieder fertig, wurde übrigens in Wien uraufgeführt. Warum nicht in Berlin?, werden Sie mit Recht fragen, aber Wölffer hat ja leider nur vier Theater. In der Wiener Komödie in der Walfischgasse hatte ich einen großen Erfolg und lauter gute Kritiken. Ich bat zwar den Direktor, mir die schlechten nicht zu schicken, aber es können nur wenige sein, denn so viele Zeitungen gibt es dort nicht. In Wien haben sie natürlich wieder einen anderen Titel gewählt: » Je jünger, je besser«, nun ja, » Zweite Geige« hieß in dieser Gegend ja auch » Casanova wider Willen«. Irgendwo in Südwestdeutschland hat die Chefin einer Amateurbühne alles umgedreht, aus dem Geiger, der bei Frauen so erfolgreich ist, eine bekannte Sängerin gemacht, der die Herren nachlaufen, aus dem Arzt eine Ärztin, und das Stück hieß dort »Barcarole und Fango«. Wir haben lange gebraucht, bis wir wußten, welches meiner Stücke gemeint war. So viel über Autorenrechte.

Daß Sie uns bei den letzten Premierenfeiern nicht getroffen haben, war teilweise Zufall und ich mußte deshalb mein Glas Rotwein ungern entbehren. Das Stück »Was zählt ist die Familie« hat uns so gut gefallen, daß wir hinterher noch lange dort blieben, bei »Josef und Maria« hatten wir nichts zu feiern. Der Friedrichstadtpalast ist für mich ein Alptraum, allein die vielen Stufen, die man herunterklettern muß, machen mir große Angst vor dem Hinfallen, denn meine Stücke laufen besser als ich. Wenn dort wenigstens ein Geländer wäre, dann könnte ich mich daran festhalten, langsam heruntersteigen und würde schon das Finale des ersten Teils miterleben können.

Daß Sie mich in unserer Bank nicht getroffen haben, ist dem Umstand zuzuschreiben, daß ich die Schecks immer einschicke. Bei der BB bin ich übrigens seit sechsundfünfzig Jahren Kunde, seit dem Tag, an dem ich meiner Mutter sagte, sie solle mein Geld nicht immer verstecken, da es immer so lange dauere, bis sie es wiederfände. Ich eröffnete jetzt ein Konto. Dieser Tag war einer der schwersten Tage im Leben meiner Mutter.

Lieber Herr Brauner, Ihr letzter Brief wurde mir aus Versehen zweimal durchgefaxt. Aber ich habe ihn dann auch, weil ich jedes Ihrer Worte schätze, beide Male gelesen.

Direkt rar machen wir uns nicht, aber wir sagen oft ab. Wir bekommen auch so viele Einladungen – leider schon lange keine mehr von Ihnen, da würden wir natürlich erscheinen. Zur »Goldenen Kamera« gehen wir – wie Sie wissen – nicht mehr. Die meisten jungen TV-Macher kenne ich nicht, Essen bekommt man auch kaum, am kalten Büffet stehen lange Schlangen, und im Stehen bekommt mir das Essen nicht.

Jetzt liegt die Einladung zum Presseball auf meinem Schreibtisch und ich überlege, ob ich dem Publikum den Anblick eines greisen Dichters, der an einem – allerdings eleganten – Stock geht, zumuten darf. Tanzen kann ich auch nicht mehr, für eine Unterhaltung ist die Kapelle zu laut, aber wenn Sie mir versprechen würden, ein- oder zweimal mit meiner Frau zu tanzen, würde ich vielleicht doch dorthin humpeln.

Daß Sie, wie Sie schrieben, dem Busen von Claudia Schiffer nicht zu nahe kommen wollen, überrascht mich. Da kenne ich Sie anders. Ich erinnere mich an einen Filmball, der vor vielen Jahren im »Prälaten« gefeiert wurde. Ich stand am kalten Büffet, nahm etwas Lachs, guckte zufällig nach rechts und da schwebte der Busen von Sophia Loren genau über dem Geflügelsalat. Und Ihnen gelang es dann, die Loren, die Lollobrigida und Yvonne de Carlo nebeneinander an einem Tisch zu plazieren und fotografieren zu lassen. Auf dem Tisch stand übrigens kein Champagner, sondern der Fotograf, der sich von oben bessere Einblicke in die wohlgefüllten Dekolletés versprach. Es wurde ein Brust-an-Brust-Rennen. Heute ist inzwischen nicht nur das Gesicht der Damen schon einige Male gerafft worden, so daß man sie kaum wiedererkennt. Wie sie jetzt aussehen, habe ich einmal mit einem postalischen Begriff versehen: Unbekannt verzogen.

Was Witze anbelangt, so sind sie mir vergangen, nachdem ich Ihre Seite drei gelesen habe. Es ist alles so schrecklich, und man kann nur hoffen, daß Menschen endlich mal menschlicher werden. Warum müssen palästinensische Mütter Ihre Kinder dazu ermuntern, in der ersten Reihe zu stehen, um israelische Soldaten mit Steinen zu bewerfen. So werden sie immer wieder zu Opfern. Ich glaube, es ist das schlimmste für Eltern, wenn sie ihre Kinder überleben müssen. Warum Israels Soldaten, die so gut zielen können, so selten auf Arme und Beine schießen, begreife ich auch nicht. Auch ob Herr Scharon unbedingt auf dem Tempelberg klettern mußte und damit Risches machte und die Unruhen auslöste, ist mir ein Rätsel. Ich denke oft und gern an Rabin.

Lieber Herr Brauner, ich will jetzt endlich schließen, wir müssen ins Theater und hoffen, daß wir schon auf dem Weg dorthin den unendlich traurigen Blick unseres Hundes vergessen, der uns gar nicht gerne gehen läßt.

Danken möchte ich Ihnen für die vielen Zeilen und die entwerteten russischen Briefmarken. Ich werde in den nächsten Tagen nach Moskau fliegen, um ihr großzügiges Geschenk nutzen zu können und am selben Tag noch zurückkommen, um Ihnen unnötige Hotelkosten zu ersparen. Die Rechnung für unsere Tickets geht Ihnen direkt von unserem Reisebüro zu.

Ich lege Ihnen zwei Marlene-Dietrich-Briefmarken bei, da haben Sie es leichter als ich, denn Ihr Weg zum Briefkasten ist wesentlich kürzer.

Ich wünsche Ihnen ein fröhliches Channukkafest, ein gutes 2001, bleiben Sie mir gesund, grüßen Sie Ihre Frau und die Kinder, die jetzt schon so groß sind. Ich erinnere mich ab und zu daran, wie klein sie waren, als wir uns kennenlernten.

Für heute verbleibe ich

Ihr
Curth Flatow

Berlin, den 29. Dezember 2000

Lieber Herr Flatow,

wenn ich mich nicht irre, hat Chopin an seine Geliebte nach jeder Komposition Briefe gerichtet, die zwischen zehn und fünfundzwanzig Seiten lang waren. (Und dies ohne Computer und Schreibmaschine.) Gut, ich bin zwar nicht Ihre Geliebte, aber mehr als zwei und eine viertel Seite habe ich schon verdient. Natürlich denke ich teilweise egoistisch, ausgehend von dem Sachverhalt, daß ich, je mehr Sie mir schreiben, desto eher Lust bekomme, ein Theaterstück zu schreiben, empfindend den sich auf mich übertragenden Geist von Ihnen, der sich von Schreiben zu Schreiben stärker ausbreitet und geradezu eskaliert. Es soll aber keinesfalls das BSE (auf deutsch: den Rinderwahnsinn) zum Thema haben. Mich wundert es nicht, daß es ein paar Kühe gibt, die den menschlichen Wahnsinn übernommen haben und diesen unter sich weiterverbreiten. Der Wahnsinn, der zum Tod von fünfundfünfzig Millionen Menschen führte – dieser mörderische Wahnsinn scheint unbeachtet werden zu wollen. So beschäftigt man sich mit dem Rinderwahnsinn, den ich nicht zum Thema nehme.

Auch keinesfalls die sensationelle Nachricht, wonach Professor Hetzer sich darauf vorbereitet, den Herzkranken Schweineherzen als Ersatz einzusetzen. Wie soll man da auf gute Dialogspielereien kommen, wie die Formulierung »Du hast Schwein gehabt« verwenden – im Falle, daß das Schweineherz funktioniert? Und was wird aus dem Ausdruck »Du bist ein Schwein«? Das ist doch keine Beleidigung mehr, wenn sich ein Mann mit einem Schweineherzen wie ein Schwein benimmt, so ist doch etwas Menschliches dabei …

Also denke ich an ein sehr ›starkes Stück‹, nämlich an einen Mann, der vier Geliebte hat und selbstverständlich die eine von der anderen nichts weiß. Durch Zufall findet eine der vier Geliebten einen Zettel mit Adressen und Telefonnummern der anderen drei – nach einer durchzechten Nacht – und geht der Sache nach. Ein Treffen der vier Damen führt dazu, daß man beschließt, den Mann ordentlich zu bestrafen, vielleicht sogar bis zum Verschwindenlassen. Denn die weibliche Ehre ist ja tief getroffen. Nun beginnt der dramaturgische Dreh, wie Sie es nennen würden: Denn jede von denen möchte doch den Mann, den sie liebt, behalten und die anderen austricksen. Hier beginnt der zweite Akt, dem ein dritter angehängt wird, der mit einem Happy-End endet, nämlich: Er läßt sich zum Muslim konvertieren und behält alle vier Frauen. Ich meine, sofern der Mann die vier Frauen weiterhin sehr männlich behandelt und glücklich macht, so konnte man es ein ›starkes Stück‹ nennen …

Ich hoffe doch, daß Sie nicht eine ähnliche Idee hatten und ich Ihnen die Parade ablaufe. Das würde ich ungern tun, nachdem ich so viele Inspirationen von Ihnen kontinuierlich vernehme.

Es tut mir leid, daß wir uns nicht im Friedrichstadtpalast treffen können, denn dort tanzen vierundsechzig Beine, eins hübscher als das andere (über die Gesichter wollen wir lieber nicht sprechen). Irgendwie kommt mir die Sache mit den Beinen bekannt vor – haben Sie nicht einmal ein Stück geschrieben »Lügen haben kurze Beine?«, während ich den Film »Lügen haben lange Beine« produzierte? Ihr letztes Stück, das Sie andeutungsweise beschreiben und »Rock und Bluse« heißt, scheint auf einem gesunden Fundament gebaut worden zu sein. Ich habe eine Tante von mir kennengelernt als ich fünf Jahre alt war, und sowohl ihr Rock als auch ihre Bluse haben mir sehr gut gefallen. Ich habe sie bis zum heutigen Tage nicht vergessen. Obwohl die Ansätze schon da waren, aber jetzt, nachdem Sie durch Ihr Stück den Zusammenhang schafften, bin ich wieder in die Vergangenheit eines Kindes vertieft.

Ich bitte um Entschuldigung, daß Ihnen der letzte Brief doppelt zugefaxt wurde. Es liegt nicht in unserer Natur, doppelt zurückzuzahlen. Würde es sich um einen Brief handeln, der von außerordentlicher Wichtigkeit wäre, so wäre dies verständlich. Aber bei uns wird nicht auf den Inhalt geschaut, anderenfalls kämen meine Briefe an Sie gar nicht an.

Ihre letzten beiden Briefmarken mit Marlene Dietrich in Großaufmachung erinnerten mich an die Diva, die ich im Jahre 1960 im Titania-Palast begrüßen durfte, die mir statt der Hand ihr Bein entgegenstreckte. (Sie wollte gerade die Stiege heruntergleiten.) Das war für mich ein unvergesslicher Anblick, den ich – wie Sie sehen – bis heute nicht vergessen habe. Ich hatte die Absicht, ihr zu offenbaren, daß ich sie außerordentlich schätze, weil sie den Mut hatte, dem Verbrecher Goebbels die Stirn zu zeigen. Daß sie couragiert genug war, um Hitler und den Nazis entgegenzuwirken und daß ich sie als Schauspielerin sehr respektierte und liebte, aber als Frau sie mich nicht interessierte – zu keinem Zeitpunkt und in keiner Weise. Wahrscheinlich hat sie den Wahrheitsgehalt meiner Botschaft geahnt und sich deshalb nicht mehr sehen lassen. Was kann denn schlimmer für eine Frau sein als zu erfahren, daß sie nicht wie eine Frau bewertet oder eingestuft wird? Alle anderen Komponenten sind doch in diesem Zusammenhang völlig unwichtig …

Zum Presseball werde ich sicherlich nicht erscheinen, weil man mir mitteilte, daß der letzte Presseball auch nicht sehr interessant war. Außerdem scheine ich doch an diesen Tagen von Berlin abwesend zu sein. Ich kann also mit Ihrer Frau an diesem Abend nicht tanzen, ich darf sie nicht einmal umarmen. Aber ich hole das mit Sicherheit nach, nachdem ich Ihre Genehmigung hierfür erhalte.

Daß Sie sich an die Begebenheiten mit Yvonne de Carlo, Gina Lollobridgida und Sophia Loren erinnern, ist ein wahres Wunder. Ich bin zwar im Besitz der Fotos der drei Damen, die an meinem Tisch residierten, wo übrigens der Produzent Mainz, Sie werden sich sicherlich an ihn erinnern können, etwas klein von Wuchs, aber ein guter Produzent, sich mit Sophia Loren zeigte und wir alle der Annahme waren, er hole sich jemanden aus einem anderen Bereich als aus der Kinowelt. Tatsächlich war ihr Ausschnitt und somit die Busengestaltung so gewaltig, so überraschend für alle Fotografen, die für die anderen Schauspieler und Schauspielerinnen blind waren und nur diese Ecke fotografierten. Dabei handelte es sich nur um ihren Busen. Der Name Sophia Loren war völlig unbekannt, niemand außer Gina Lollobrigida hatte ihn irgendwann gehört, und auch sie wandte sich ab, als sie ihr zu nahe kam.

Empfänge sollten Sie weiterhin nicht meiden, sondern besuchen. Sonst wird man sich die Frage stellen: Wo ist denn der Curth Flatow? Und diesen Beweis sollten Sie erbringen, möglichst sogar mit einem starken Stück als Triumph.

Nun zurück in das Jahr 1946: Damals hörte ich Sie im Chor singen im Film »Herzkönig«, als ich Sie ahnungslos in die echten Chorsänger einreihte, ohne die Intuition spielen zu lassen, daß Sie irgendwann mal zum besten Komödienautor aufsteigen würden – durch gefeilte Dialoge und dem Hang zu Doppeldeutigkeiten – im guten Sinne des Wortes … Wenn ich mich nicht täusche, können Sie besser schreiben als singen. Bei der nächsten Zusammenkunft könnten wir diesen Tatbestand prüfen, denn Ihre geistigen Arbeiten sind mir bestens bekannt, Ihr Gesang jedoch nicht mehr in Erinnerung. Und da fällt mir schon das erste Bonmot ein:

Bonmot Nr. 1:
Ein zehnjähriger Junge fragt seinen Vater »Wie bin ich auf die Welt gekommen?« Darauf sein Vater: »Der Storch hat dich gebracht.« Der Junge überlegt einen Moment, dann: »Und Vater, wie bist du auf die Welt gekommen?« Sagt dieser: »Auch mich hat der Storch auf die Welt gebracht.« Der Junge überlegt erneut und fragt »Und wie ist der Opa auf die Welt gekommen?« Vater: »Also du stellst Fragen, genauso wie du und ich, auch ihn hat der Storch hierher gebracht.« Da stellt sich der Kleine hin mit beiden Händen in den Taschen und sagt: »Weißt du Papi, wir sind schon eine komische Familie. Nicht eine einzige normale Geburt …«

Bonmot Nr. 2:
In Jerusalem kommt ein amerikanischer Tourist in einen Souvenirladen, um etwas einzukaufen, er will aber die Preise wissen und die

Qualität prüfen. Daraufhin spricht er den Inhaber auf englisch an, der versteht jedoch kein Wort. Der Tourist versucht es mit gebrochenem Italienisch, der Inhaber versteht es wiederum nicht. Der Tourist versucht es in deutsch, französisch, spanisch, russisch, aber der Ladenbesitzer zeigt immer mit den Händen Zeichen, daß er nichts versteht. Da wird der Amerikaner böse und sagt: »Es steht doch mit großen Buchstaben auf deinem Fenster »Hier spricht man alle Sprachen«. Daraufhin der Ladeninhaber: »Natürlich, aber die Kunden, nicht ich ...«

Bonmot Nr. 3:
In Tel-Aviv gibt es ein rumänisches Restaurant mit dem Namen »Bukarest«. An Freitagen und Samstagen ist der Laden voll. An einem solchen Tag trifft eine Touristenfamilie aus Amerika ein, bestehend aus Vater, Mutter und sechzehnjähriger Tochter. Sie nehmen Platz und rufen den Kellner Max, der aus Wien stammt und schon dreißig Jahre dort arbeitet, um einen Tisch und das Dinner bei ihm zu bestellen. Dieser schlägt als Vorspeise Bückling in Öl, Humus, Techina, gehackte Leber vor, und jeder von ihnen bestellt, was er gerne mag. Als der Kellner nun den Tisch verlassen will sagt die Mutter: »Sie müssen die Air-condition abstellen, weil ich mich sonst erkälte, und ich möchte nicht in einem kranken Zustand nach Amerika zurückfahren. Max schüttelt den Kopf: »Sofort, gnädige Frau, wird gemacht«. Er geht weg, bringt das Essen, die Gäste sind zufrieden und bestellen nun die Hauptspeise, bestehend aus Kalbshaxe, gebratene Gans, Schaschlik. Max will gerade abziehen, als der Mann ihn beiseite nimmt und sagt: »Entschuldigen Sie bitte, aber Sie müssen die Air-condition anschließen, sonst erkälte ich mich, und ich habe mehr zu tun als meine Frau.« Daraufhin Max: »Ja, ich werde sie sofort anstellen.« Er geht weg, kommt wieder zurück und fragt, ob es geschmeckt habe und alle zufrieden seien, was bejaht wird. Nun bestellen sie zum Dessert Creme Bavaria, Mousse au chocolat, gebrannte Pflaumen, Max nimmt die Bestellung auf und will erneut in die Küche, als die Frau sagt: »Herr Ober, ich halte es nicht aus, Sie haben die Air-condition doch nicht abgestellt. Ich spüre doch, daß ich mich erkälte, ich kann schon fast nicht mehr sprechen. Sie haben es mir doch versprochen.« Sagt Max: »Ich werde

es prüfen, bitte um Entschuldigung. Aber ich werde sofort nachsehen und es in Ihrem Sinne erledigen, gnädige Frau.« Er zieht ab, als ein Israeli, der zwei Tische weiter sitzt, auf ihn zukommt und sagt: »Max, bist du von allen guten Geistern verlassen? Du läßt dich von den Amerikanern herumkommandieren: »Mach die Air-condition aus, mach sie wieder an, mach sie wieder aus … Hast du das nötig?« Sagt Max: »Macht mir doch gar nichts aus, wir haben gar keine …«

Bonmot Nr. 4:
Ein Ehepaar, fünfundzwanzig Jahre verheiratet. Beide liegen im Bett, das Licht ist gelöscht. »Rosa, du schläfst?«, fragt der Mann die Frau. Sagt diese: »Und wenn nicht?«

Man soll gegenwärtig keine Bonmots über Israel erzählen, da die Situation allzu gefährlich ist, aber folgendes feststellen:

Wenn Arafat nicht den Befehl erteilt, werfen die Kinder keine Steine und werden nicht benutzt wie bei Khomeini, als er den Krieg gegen den Irak führte und Zehntausende in den Tod schickte.

Wenn Arafat nicht will, schießen die Palästinenser – oder in der letzten Zeit auch die Polizisten – nicht mit scharfer Munition und zwingen nicht, aus Notwehr zurückzuschießen.

Daß man bei den Auseinandersetzungen, die teilweise auch nachts stattfinden, nicht ein Bein oder einen Arm als Ziel treffen kann, sollte verständlich sein.

Tatsache ist, daß sofern Arafat nicht die Anweisung gibt, stillzuhalten oder das Gegenteil befiehlt, nämlich gegen Israel vorzugehen, dürfte relativer Frieden im Land herrschen.

Nach meiner Überzeugung hat er zu stark gepokert und glaubte buchstäblich alles erreichen zu können, was er sich zum Ziel gemacht hatte. Das kann aber nicht gelingen, da dies eine Auflösung Israels bedeuten würde. Denn eines darf nicht vergessen werden: Daß nämlich die Araber zehn Kriege verlieren können, und letztendlich verändern diese im wesentlichen nicht ihren Status Quo. Wenn aber Israel einen einzigen Krieg verliert, wird es von der Landkarte verschwinden. Demjenigen, dem dies nicht klar ist, sollte dieser Gedanke eingeimpft werden.

Interessant ist doch tatsächlich der unglaubliche Aspekt, wonach der erschossene palästinensische Junge von zwölf Jahren – wie es dazu kommen konnte, kann noch niemand nachweisen, aber klar ist, daß er aktiv gegen die Israelis vorging – von der Welt betrauert wird und die Israelis hierfür verantwortlich gemacht werden, während am 29. und 30. September des Jahres 1941 ca. achttausend jüdische Kinder exekutiert und zum wesentlichen Teil lebendig begraben wurden, lebendig!

So beende ich mein heutiges Schreiben an Sie schon wieder mit Babij Jar, mit rund vierunddreißigtausend wehrlosen Opfern und mit dem größten Verbrechen in der Geschichte der Menschheit – und, was noch schlimmer ist, mit dem Gedanken, daß ein Teil der Mörder noch unter uns weilt.

Übrigens, ein kurioser Fall, den ich Ihnen nicht verheimlichen möchte: Ich habe am 22. Dezember in der Post ein Schreiben vorgefunden von einer Anwaltskanzlei, die den Kriegsverbrecher Erich Priebke verteidigte. Diese verlangt von mir eine Entschuldigung, weil ich Priebke in der Zeitung »Die Welt« als einen Verbrecher bezeichnete, der Zigtausende von Opfern auf seinem Gewissen hat. Die Kanzlei verlangt eine öffentliche Entschuldigung und Bezahlung ihrer Honorarkosten. Sie wissen sicherlich, wer Priebke war?! Es ist derjenige gewissenlose Täter, der in Italien nach einem Überfall der Partisanen für einen umgekommenen Polizisten zehn Geiseln nahm – die meisten unter ihnen waren Juden –, um sie aus Rachegelüsten zu erschießen und der von einem italienischen Militärgericht vor ca. zwei Jahren freigesprochen wurde, was in der ganzen Welt einen Aufruhr hervorrief.

Daraufhin kam es zum zweiten Mal zu einem Prozeß im Berufungsverfahren, und in diesem ist er dann zu Haft verurteilt worden. Er sitzt gegenwärtig in Italien, und ich soll mich entschuldigen, weil er – Gott behüte belangt worden wäre, wenn er die einigen hundert Menschen *nicht* erschossen hätte. Das ist die Bundesrepublik am Ende des Jahres 2000! So viel Courage hätte ich nun einem Kriegsverbrecher doch nicht zugetraut! Ich komme zu der Überzeugung, daß ich jedes Schreiben an Sie, das in einer Form, die man vielleicht als leicht unterhaltsam und ohne besondere Tiefe bezeichnen kann, beginne, doch immer – vom Inneren her gesehen –

gezwungenermaßen mit ernsten Vorgängen beende. Ich hoffe, Sie nehmen es mir nicht übel.

Zu dem sich unerbittlich nähernden Beginn des 3. Jahrtausends wünsche ich Ihnen und Ihrer Frau Gesundheit, Gesundheit und nochmals Gesundheit. Alles andere haben Sie letztendlich erreicht.

In diesem Sinne verbleibe ich
mit den besten Grüßen

Ihr
Artur Brauner

Berlin, den 11. Januar 2001

Lieber Herr Flatow,

Sie werden es nicht glauben, dennoch aber hinnehmen müssen: Ich diktiere die nachstehenden Zeilen im Zug auf dem Weg von Frankfurt nach Berlin – nach einer längeren Konferenz beim ZDF in Mainz. Ich habe noch ca. fünfzig Minuten Zeit bis zum Eintreffen am Bahnhof Zoo, und statt die Augen zu schließen, um die fehlenden Stunden an Schlaf nachzuholen, kommen Sie mir in den Sinn …

Wie oft habe ich Ihnen offenbart, daß die Vergangenheit zur Gegenwart und die Gegenwart zur Vergangenheit wird? Jetzt kreisen meine Gedanken um die erste Zeit des Kabaretts in Berlin. Wenn ich mich nicht täusche, wurde dieses von Willi Schaeffers geleitet und sofern weiterhin erinnerlich, haben Sie für das eine oder andere Kabarett-Stück auch Texte geliefert. So erinnere ich mich an einen Abend, an dem ich eine solche humorvolle, mit politischen Witzen gespickte Vorstellung erlebte. Natürlich habe ich an den richtigen Stellen gelacht, manche Textpassagen jedoch damals nicht verstanden. Es müßte so um das Jahr 1948 gewesen sein. Nach dieser Vorstellung war ich verabredet mit einigen Männern in dem kleinen russischen Restaurant Mazurka. Insgesamt waren wir sechs Personen, von denen fünf ganz alleine auf der Welt verblieben sind, weil sie im Januar 1945 in Auschwitz befreit worden waren. (Es ist Ihnen wahrscheinlich noch nicht bekannt, daß Heinrich Himmler im Spätherbst 1944 das tägliche Töten in Auschwitz stoppte in der Hoffnung, mit den westlichen Alliierten verhandeln zu können, um einen Sonderfrieden zu schließen – der einzige Grund, warum nicht alle bis auf den letzten Häftling in Auschwitz umgekommen sind.)

Ich war dagegen der einzige, der noch Familie aufwies. Wir trafen uns, weil wir uns teilweise noch aus Schulzeiten kannten, teilweise hatten wir uns kurz nach dem Krieg kennengelernt. Ein italienischer Geiger spielte mit einem Gitarristen italienische und amerikanische Evergreens. Wir haben russische Sakuska gespeist und Wodka dazu getrunken und dann geschah es:

Ugolieni – so hieß der Geiger nach meiner Erinnerung – begann das Lied zu spielen »Mei jiddische Mame«. Das zum Teil bis dahin geführte Gespräch lustigen Inhalts wurde unterbrochen, einer der jungen Männer riß die Geige an sich und begann zu schreien »Meine jiddische Mame! Meine jiddische Mame! Wo ist sie, meine Mame? Wo ist ihre Asche? Wo ist meine Schwester? Wo ist mein Vater?«

Er begann fürchterlich zu weinen und mit dem Kopf auf den Tisch zu schlagen. Wir sind alle totenbleich geworden, versuchten ihn zu beruhigen, es war jedoch unmöglich, ihn zur Besinnung zu bringen. Er weinte unaufhörlich, schlug mit den Fäusten auf den Tisch, nachdem wir seinen Kopf hielten, damit er nicht noch mehr Blut verlor, dann hörte man nur noch die abgerissenen Worte: »Mame, wo bist du? Mame...« Am anderen Tisch saßen drei Deutsche, zwei Männer und eine Frau und sahen dem Spektakel in höchstem Maße unangenehm berührt zu. Er bemerkte sie und schrie sie an: »Mörder, Mörder – was habt Ihr mit meiner Mame gemacht!? Mörder!«

Die deutschen Gäste haben schnell bezahlt und sind verschwunden. Dieser tragische Abend hat Wunden in mein Herz geschlagen, denn ich kann sein Gesicht, die vom Heulen geschwollenen Augen und seine machtlosen Arme, die sich wie zum Himmel betend nach oben und dann wieder nach unten neigten, nicht vergessen. Wir haben ihn zum Zug gebracht, weil er mit dem Nachtzug nach München zurückfahren sollte. Auf dem Bahnhof, der voller Menschen war, die ihre Verwandten/Bekannten zum Zug brachten oder solche, die gerade ausstiegen, um in die Arme von Verwandten zu fallen, befanden sich auch Mütter mit ihren Kindern, Großmütter, Jugendliche, alle waren fröhlich und freuten sich ob des Wiedersehens oder weinten beim Abschied, wie zum Beispiel ein junges Mädchen, das seinen Freund verabschiedete. Unser Freund stieg in den Zug und stellte sich in seinem Abteil ans Fenster, um auf dem Perron das Zusammentreffen von Familienmitgliedern zuzusehen – meistens handelte es sich um Verwandte, die er nicht mehr aufzuweisen hatte, da er durch die mörderischen Henker alles, was ihm teuer war, für alle Ewigkeit verlor ...

Ich diktiere diese Zeilen und kann eine Träne nicht zurückhalten. Insbesondere wenn ich mich an den Satz erinnere, den er heulend schrie, als wir das Restaurant verließen: »Warum haben sie mich nicht auch umgebracht?! Warum nicht?!« Im Kabarett der Komiker wurde jedoch weiter gelacht, um Witze und pointierte Dialoge wurde gefeilt in der Bemühung, das Publikum noch stärker zum Lachen zu bringen. Während wir alle, die diesen Abend erlebten, seinen Schmerz nachfühlen konnten, und daß keine Hoffnung bestand, daß er seine Familie irgendwann lebend wiedersehen würde.

Und nun bin ich wieder bei meinen profanen (und sündigen) Gedanken angelangt: Ca. zwei – oder vielleicht sind es sogar drei – Jahre nach diesem Vorfall drehte ich den Film »Maharadscha wider Willen«, in dem Rita Paul mitwirkte. Ich kann mir nicht erklären, warum ich so oft an sie denken muß. Vielleicht weil mir ihr Schicksal nicht bekannt ist, weil ich nicht in Kenntnis dessen bin, was aus ihr geworden ist? Jedenfalls war sie eine reizende und bezaubernde kleine Persönlichkeit, die eigentlich hätte Karriere machen müssen. Dies geschah aber nicht, während so viele andere, schlechter aussehende und weniger begabte Frauen Karriere machten. Wahrscheinlich werden Sie eher Kenntnis haben von ihrem Schicksal als ich. Mit dieser Produktion haben wir praktisch begonnen in den Munitionsfabriken, die in Ateliers umgebaut worden waren, Filme zu drehen und somit Träume zu fabrizieren, statt Gift und Munition. Dies war eigentlich eine menschlich wie politisch positive Wende auf diesem Spandauer Gelände. Ich sehe mir heute noch gerne Teile des Films an, und es macht mir Spaß, rund fünfzig Jahre zurückzudenken. Der dicke, lustige und menschliche Komiker Seiffert, Sonja Ziemann und Rudolf Prack, Olga Tschechova, Iwan Petrovic und so viele andere, und neben diesen eben Rita Paul, die doch den Text ihres Liedes sang »In einer Nacht am Ganges«. Diese Melodie habe ich auch nie vergessen, ebensowenig wie die Art, in der Rita sie vortrug. Es war ein guter Text von Ihnen und ich darf mir dieses Kompliment erlauben, da ich ja kein Zusatzhonorar hierfür zahlen muß.

Das war's um das damalige Berlin, nun ist es Zeit für zwei bis drei kleine Bonmots:

a) Der Ort: Hotel Königshof München. Der Zeitraum: Ende der sechziger Jahre. Ich sitze mit zwei Agentinnen zusammen und verhandle über Schauspielerverträge. Zwei Tische weiter sitzt Oskar Sima, einer der unsympathischsten Schauspieler, die es je gegeben hat. Jedenfalls kommt Gunther Philipp – der mich nicht bemerkte – in den Saal gerannt, läuft auf Sima zu und sagt: »Hast Du schon gehört, daß Moser gestorben ist?« Da schaut ihn Sima an und sagt: »Na wenn schon, der Lingen lebt ja noch!«

b) Über den gleichen Sima erzählt man sich, daß ihm in einem Café die Frau von Geza von Bolvary begegnet, die von einer Beerdigung kommt und in entsprechender Trauerstimmung ist. Sima spricht sie an: »Was ist geschehen? Kommen Sie von einer Beerdigung?« Sagt daraufhin Frau von Bolvary: »Oskar, wenn Sie wüßten, wer gestorben ist.« Darauf Sima: »Nein, das weiß ich nicht, aber mir ist jeder recht.«

c) Ein Mann kommt zu einem Homöopathen, da er sich krank fühlt. Der Arzt befragt ihn nach seinen Problemen und gibt ihm am Ende ein Flakon, an dem er einige Minuten riechen soll. Als der Arzt hierfür Honorar verlangt, wundert sich der Patient, nimmt aber anschließend einen Hundert-Mark-Schein heraus, hält ihn dem Arzt unter die Nase und sagt: »Riechen Sie dran, es wird ihnen auch helfen.«

d) Es hat sich herumgesprochen, daß bei einem Arzt eine neue Art von Honorarbezahlung eingeführt wurde, nämlich: Beim ersten Besuch hundert Prozent des Honorars, beim zweiten Mal dagegen nur die Hälfte. Moritz nimmt dies zur Kenntnis, meldet sich beim Arzt an und sagt: »Hier bin ich wieder!« Der Arzt schaut ihn an und durchschaut ihn. Nach einer Weile sagt er zu ihm: »Also nehmen Sie die Tabletten weiter.«

Dieses Schreiben erreicht Sie hoffentlich bei guter Gesundheit, was ich Ihnen von ganzem Herzen wünsche.
    In diesem Sinne verbleibe ich für heute
    mit freundlichen Grüßen

Ihr
Artur Brauner

Lieber Herr Brauner,

Sie begannen Ihren vorletzten Brief recht vorwurfsvoll, weil mein Antwortschreiben nur zweieinviertel Seiten lang war. Sie schreiben, wenn Sie sich nicht irrten, habe Chopin an seine Geliebte nach jeder Komposition Briefe gerichtet, die zwischen zehn und fünfundzwanzig Seiten lang gewesen seien. Das hat sich inzwischen geändert. Weder Michael Jary noch Friedrich Schröder haben mir, nachdem sie einen Text von mir vertont hatten, geschrieben. Den letzten Brief eines Komponisten habe ich im Juli letzten Jahres von Paul Kuhn bekommen. Ich selbst habe niemals längere Zeit mit irgendjemandem korrespondiert, Sie sind der erste, der mich mit vielen Zeilen verwöhnt. Ich habe nicht einmal meinen Freundinnen Briefe geschrieben, weil ich mich nicht gerne festlege. Wie leicht hätte da jemand ein Heiratsversprechen einklagen können. Kurze Nachrichten habe ich ihnen natürlich zukommen lassen, die waren aber vorsichtshalber unleserlich, da sie keinesfalls als Beweisstücke geltend gemacht werden sollten. Nun ist das alles vorbei. Johannes Heesters sang in dem Musical »Gigi« »Ich freu' mich, ich bin nicht mehr jung«. Diese Freude werden wir beide kaum nachfühlen können.

Sie schrieben, daß Sie Lust bekommen, ein Theaterstück zu schreiben. Tun Sie das bloß nicht. Auf keinen Fall das »starke Stück«, von dem Sie mir berichten. Etwas ganz ähnliches habe ich vor zwanzig Jahren für Harald Juhnke verfaßt. Das Fernsehspiel hieß »Vier Witwen sind zuviel« und bekam vom ZDF dann den Titel »Schuld sind nur die Frauen« verpaßt. Das war die Titelzeile eines Liedes, das ich für Juhnke verfaßt habe. Ich habe jetzt etwas ähnliches als Theaterstück geschrieben, aber da geht es, bescheiden wie ich bin, nur um drei Frauen. Der Trigamist kommt zwar vor Gericht, wird verurteilt, aber alle Frauen wollen ihn hinterher wiederhaben und zwar jede für sich ganz allein. Natürlich wird der Hauptdarsteller bei mir nicht zum Muslim, sondern lernt eine vierte Frau kennen, mit der er sich nach seiner Entlassung absetzt. Die Rahmenhandlung spielt übrigens in der Gefängniszelle, in der er wegen des oben genann-

ten Vergehens einsitzt. Das Stück heißt »Meine Frau ist Schuld daran«.

Zum Thema BSE möchte ich Ihnen etwas schreiben, das Sie sehr erstaunen wird. Vor vielen Jahren hat der Antroposoph Rudolf Steiner einmal gesagt, daß, wenn Rinder Rinder essen, sie dem Wahnsinn verfallen. Er hat Recht behalten. Nun häufen sich die Fälle, die eigentlich nur auf die Geschäftstüchtigkeit der Tiermehlhersteller zurückzuführen ist. Kann man die Rinder nicht mehr natürlich ernähren? Die ganze Tierzucht, nicht nur in Deutschland, ist nur auf schnelles Verdienen ausgerichtet und damit auf Tierquälerei. Man gibt ihnen Antibiotika, die dazu führen, daß bei den fleischessenden Menschen die Antibiotika nicht mehr wirken. Außerdem: kaufen Sie heute mal ein schönes Stück Fleisch, braten Sie es, und dann merken Sie sofort, daß es ein schönes Stück kleiner geworden ist. Es schrumpft in der Pfanne fast um die Hälfte.

Die Profitgier einiger Menschen wird uns langsam ruinieren und dann aussterben lassen. Ich persönlich habe wegen meines hohen Alters keine Angst vor Rindfleisch, da ich den Ausbruch der Krankheit höchstwahrscheinlich erst im Grab erleben werde.

Daß Professor Hetzer sich darauf vorbereitet, Schweineherzen als Ersatz den Kranken einzusetzen, habe ich zwar noch nicht gehört, aber es würde mich nicht erstaunen, wenn es zuträfe. Ich habe ja bereits ein Stück Schwein, das Professor Hetzer in mein Herz geschlossen hat – und zwar eine Aorten-Klappe. Daß sie bereits viel länger hält, als erwartet wurde, führe ich darauf zurück, daß man hier ein Stück von einer Sau verwendet hat, die besonders kräftig war. Ich habe auf Grund der Pietät über ein halbes Jahr lang nichts vom Schwein mehr gegessen, bis mir einer Parmaschinken mit Melone anbot, und da habe ich mir gesagt, warum sollst du das nicht essen, du schadest damit niemandem, das Schwein ist ja schon lange tot.

Nun bin ich Ihnen aber auch mal eine Geschichte schuldig:

Jasir Arafat führt ein Friedensgespräch mit einem israelischen Ministerpräsidenten, dessen Name mir inzwischen entfallen ist, weil die da schon so oft gewechselt haben. Der Ministerpräsident fragt vor Beginn der Verhandlungen, ob er Arafat eine kleine Episode er-

74

zählen dürfte. Arafat stimmt zu. Der Ministerpräsident fängt an:
»Als das Volk Israel auf seiner Wanderung durch die Wüste an einen
großen See kam, sprangen sie alle hinein und badeten. Als sie wieder
rauskamen waren ihre sämtlichen Kleidungsstücke verschwunden.
›Das waren bestimmt die Palästinenser!‹ sagten sie.« In dem Mo-
ment unterbricht Arafat und sagt: »*Damals gab es doch noch gar*
keine Palästinenser.« Daraufhin der Ministerpräsident: »*Sehen Sie,*
Herr Arafat, jetzt können wir mit den Verhandlungen beginnen.«

Sie schreiben mir immer, daß Sie mitten in der Nacht diktieren. Weil
ich oft an Sie denke, ist das wahrscheinlich der Grund, weshalb ich
ab und zu um diese Zeit aufwache. Ich schlafe sehr schlecht ein,
deshalb fast immer nicht aus, aber ich diktiere niemals nachts.
Wenn ich im Bett mein Diktiergerät einschalte und die ersten Worte
spreche, fragt meine Frau sofort im Halbschlaf: »*Mit wem telefo-*
nierst Du?« Da ich nachts keine Lust zu großen Erklärungen habe,
gewöhnte ich mir an, mir alles zu merken und die nächtlichen Ein-
fälle fallen mir am nächsten Morgen wieder ein.

Daß Sie uns nicht so oft bei Premierenfeiern getroffen haben, wun-
dert mich nicht, aber bei der Premiere zu »*Was zählt, ist die Fami-*
lie« waren wir anwesend. Die Abwesenheit, die Sie bemerkt haben,
liegt daran, daß mir im Augenblick sehr oft schwindlig wird. Wenn
ich den Kopf zu schnell drehe, muß ich mich immer festhalten, des-
halb drehe ich mich – wenn es sich lohnt – auch bei schönen Frauen
ganz langsam um, so daß ich oft die genauso reizvolle Rückansicht
der Frauen verpasse.

Daß Sie mich bei »*Herzkönig« in der Reihe des gemischten Kinder-*
chors vermuten, ist zwar sehr schmeichelhaft, aber damals war ich
bereits schon so alt, daß ich den Musiklehrer spielen mußte, der, die
»*Funkspatzen« dirigierend, dem König ein Ständchen brachte.*

Damals hatte ich gemeinsam mit Gerhard Winkler – ein Lied für
den Film geschrieben, von dem wir uns sehr viel versprachen, aber
»*Wer denkt in seiner Hochzeitsnacht ans Schlafen« wurde kein*
Schlager. Es ist ebenso verklungen wie unser Lied. Außerdem hat
die Hochzeitsnacht ihren besonderen Reiz längst verloren, da die
schönen Dinge, die da gemacht werden, fast immer schon vorher
passieren.

Nun habe ich mit Schlagern ja nie viel Glück gehabt. Nur die beiden, die ich mit meinem Freund Bruno Balz zusammen schrieb, »Heut liegt was in der Luft« und »Zwei Herzen im Mai«, haben etwas GEMA eingebracht. Ich kann besser Chansons schreiben, in denen etwas gesagt wird, etwas vorgeht, aber wer soll sie heute bringen? Mein letzter Interpret war Harald Juhnke, und um den machen wir uns ja alle große Sorgen.

Komisch, das eigene Altern stört einen nicht so sehr, wie das Verwelken der großen Stars. Und wenn man die alten amerikanischen Musikfilme sieht – die kommen ja oft im Fernsehen –, dann freut man sich etwas traurig über die Leichtigkeit und die Fröhlichkeit, mit der gespielt, gesungen und getanzt wird. Neulich sah ich »Vorhang auf« mit Fred Astaire und Chyd Carrise und, und, und … Da swingt man mit, da wird man vergnügt.

Nun zu Israel. Ich habe das Gefühl, daß Arafat nicht mehr so viel zu sagen hat. Die Hamas macht doch, was sie will. Und sie will keinen Frieden, und nachdem ich jetzt gelesen habe, daß der Iran bereit ist, den Palästinensern zu helfen und eventuell militärisch einzugreifen, bin ich sehr beunruhigt. Die Iraner haben von den Sowjets schon sehr viele Waffen bekommen. Auch der Irak ist schon wieder stark gerüstet, dafür muß sein Volk darben. Der Mossad ist leider auch nicht mehr das, was er einmal war.

Wenn es einen lieben, guten Gott gibt oder gäbe, »warum soll er eigentlich lieb und gut sein, bei den Menschen«, wie der Salomon in »Durchreise« sagte, dann muß er sich in den letzten hundert Jahren mehr um andere Planeten gekümmert haben. Er hat den Holocaust zugelassen, die Greuel in Serbien und in Indochina. Über dreißigtausend Kinder sterben jährlich, weil der Papst gegen Verhütungsmittel ist. Das Leben zum Sterben könnte ihnen erspart bleiben. Warum sorgt der liebe Gott nicht wenigstens dafür, daß die Kriegsverbrecher vor ein Gericht gestellt werden können, wobei sie, wie ich fürchte, freigesprochen werden, weil sie, wie fast alle Verbrecher, eine schreckliche Kindheit hatten oder in einem Zustand größter Erregung gehandelt haben. Wenn sie sitzen, bekommen sie irgendwann Freigang, wie das heute verurteilte Mörder bekommen, die die kurze Freiheit dazu benutzen, weiter zu morden.

Apropos: Hier noch eine kleine, von mir nicht erfundene Ge-

schichte. Ein britischer Geheimagent, ein kleiner James Bond, wird zu seinem Chef gerufen. Er wird beauftragt, einem israelischen Geheimdienstler namens Cohn eine sehr wichtige geheime Nachricht zu übermitteln, die um Himmelswillen nicht in die Hände eines anderen Staates fallen darf. Sogar der Funkverkehr könnte ja abgehört werden. Wenn es ihm gelänge, Cohn zu treffen, soll er sagen: »Winterstürme wichen schon wieder dem Wonnemond«. Wenn er darauf antworte: »Meine Ruh' ist hin, mein Herz ist schwer«, dann wisse er, daß er den richtigen Gesprächspartner vor sich habe. Der britische Geheimdienstler bekommt einen neuen Paß, wechselt dreimal das Flugzeug, den Schnurrbart läßt er sich abnehmen und zweimal die Haare färben. Er kommt in Haifa an, dreht sich immer um, um sicher zu sein, daß ihn kein Mensch verfolgt. Endlich kommt er vor dem Haus an, in dem der Geheimdienstler wohnt, aber oh Schreck, auf dem Klingelbrett muß er festellen, daß es in diesem Hause zwei Cohns gibt. Nach langem Überlegen drückt er auf den Knopf im Parterre. Aus dem Lautsprecher kommt eine Stimme: »Cohn, wer will zu mir?« Der britische Geheimdienstler beginnt sofort: »Winterstürme wichen schon wieder dem ...«, woraufhin der andere unterbricht: »Ach, sie wollen zum Spion? Der wohnt im dritten Stock!«

Heute morgen erreicht mich nun ein Brief, den Sie im Zug auf dem Wege von Frankfurt nach Berlin diktiert haben, und statt die Augen zu schließen, um die wenigen Stunden Schlaf nachzuholen, komme ich Ihnen in den Sinn. Das wollte ich nicht. Ich wünsche Ihnen jede Stunde Schlaf, die Sie sich ermöglichen können. Ihre Gedanken kreisen um die erste Zeit des Kabaretts in Berlin. Ich stelle wieder einmal fest, daß Sie meine Autobiographie nicht gelesen oder manches vergessen haben. Ich wurde von Willi Schaeffers im ersten Nachwuchsstudio nach dem Krieg auf die Bühne gebracht, habe während dieser Zeit noch halbtags bei Gehringer & Glupp gearbeitet und nach meiner ersten Revue für das Cabaret bei Henry Bender jahrelang Kabarett gemacht, später auch für den RIAS. Daß Sie nach dem Besuch des Kabaretts der Komiker, in dem Sie gelacht haben, diese schreckliche Geschichte in dem kleinen russischen Restaurant Mazurka erlebt haben, hat mich sehr betroffen gemacht. Daß Sie bei der Erinnerung an dieses Erlebnis eine Träne nicht zurückhalten können, kann ich verstehen.

Werner Finck war ein mutiger Mann. Er hat im ›Dritten Reich‹ das Publikum nicht nur zum Lachen, sondern auch zum Nachdenken gebracht, was ich, der ich meinen Vater verloren habe, auch später gemacht habe.

Nun zu Ihren profanen und sündigen Gedanken. Natürlich erinnere ich mich an »Maharadscha wider Willen«. Der Film sollte ursprünglich mal, wenn ich mich nicht irre, »Das Paradies der Glatzköpfe« heißen, und ich bin – nicht nur aus Rücksicht auf meine damals schon schwindenden Haare – vom Schreiben des Drehbuchs zurückgetreten. Natürlich erinnere ich mich auch an Rita Paul. Warum sie keine große Karriere gemacht hat, steht ebenfalls in meinem Buch »Am Kurfürstendamm fing's an«. Sie hat, nachdem sie bereits große Erfolge hatte, einen Amerikaner geheiratet und ist mit ihm in die USA gegangen. Ich schrieb gerade ein Drehbuch und wollte sie für eine Hauptrolle haben, aber sie sagte mir mit Rücksicht auf einen Englischkurs ab. Später wurde sie dann geschieden und kam zurück, hatte aber nicht mehr den großen Erfolg wie früher. Ich mußte damals in der kleinen Kapelle des Friedhofs am Hüttenweg zuerst eine Trauerrede für Charlotte Buhlan und später für Bully halten. Leider mußte ich bei dem Satz: »Er war nicht weg vom Fenster, er guckte bloß nicht mehr so viel hinaus«, weinen und meine Rede abbrechen. Daraufhin schrieb mir eine Unbekannte, besser eine Bekannte von Rita Paul, daß ich vergessen hätte, die Sängerin, die ja soviel mit Bully Buhlan zusammen gesungen hat, zu erwähnen. Dabei sollte ihr Name erst im zweiten Teil meiner Rede fallen.

Nun ja, Hans Rosenthal hat Rita noch ein paarmal in der Rückblende beschäftigt, aber ich habe seitdem nie wieder etwas von ihr gehört.

Ich bin übrigens, bevor der Film gedreht wurde, sehr oft mit Ihnen nach Spandau gefahren und habe miterlebt, wie aus den Munitionsfabriken Ateliers wurden. Ich kann mich sogar noch genau an die Marke Ihres Wagens erinnern. All das steht doch in meinem Buch, und ich habe Ihnen ein ganzes Kapitel gewidmet. Das war erst ein bißchen komisch, aber dann ganz ernst.

Daß Sie in fünfzig Minuten einen so langen Brief in einem Zug diktieren können, überrascht mich. Ich brauche dafür immer viel

mehr Zeit. Vielleicht sollte ich mein Diktiergerät auch mal wieder
in der Bahn benutzen.
   Mit guten Wünschen für Sie und Ihre Familie verbleibe ich am
Schreibtisch mit freundlichen Grüßen

Curth Flatow

Berlin, den 22. Januar 2001

Lieber Herr Flatow,

ich bin überzeugt davon, daß es Ihnen höchstwahrscheinlich nicht
einfallen würde, auf dem Flughafen von Malaga ein Schreiben oder
einen Brief, beziehungsweise nachstehende Zeilen an mich zu diktieren, wenn Sie an meiner Stelle wären. Da jedoch die Gedanken
immer wieder um Sie kreisen, nehme ich die Gelegenheit wahr, um
die Zeit bis zum Abflug zu nutzen und dies für einen guten Zweck …
   Ich habe in der vergangenen Nacht (als ich diese Zeilen diktiere
ist es der 19. Januar 2001) sehr viele Zeitungen der letzten Wochen
und Tage studiert – zu Hause komme ich mit der Zeit nicht zurecht,
um sämtliche abonnierten Tageszeitungen wie zum Beispiel »Tagesspiegel«, »Berliner Morgenpost«, »Berliner Zeitung« und »Die
Welt« ausführlich und genau zu lesen – und stieß dabei auf die
Trauerfeier des Intendanten der Deutschen Oper, Professor Götz
Friedrich, bei der ich auch anwesend war. Der Zeitraum zwischen
seinem Geburtstag und der Trauerfeier beträgt nur ca. zwei Monate.
Es gab nicht das geringste Anzeichen dafür, daß Götz Friedrich
krank, sogar sehr krank war. Ich habe ihm versprochen, etwas Be-
sonderes zu schenken. Gedacht hatte ich an eine Flasche Burgunder,
die seit 1953 bei mir im Keller lagerte. Er war außer sich vor Freude,
als er das Geschenk in Empfang nahm. Ich bin nicht in Kenntnis
dessen, ob er den Wein noch genießen konnte oder auch nicht, aber
in diesem Zusammenhang kam mir die Assoziation mit einer anderen Flasche gleichen Jahrgangs, die ich auch Romy Schneider
schenkte, als sie im Jahre 1981 – also vor zwanzig Jahren – bei mir

zu Hause zu Gast war, da sie gerade den Film »Die Spaziergängerin von Sans-Souci« bei uns drehte. Diese Flasche, die damals achtundzwanzig Jahre alt war, hat wahrscheinlich Wunder bewirkt, weil Romy, nachdem sie die Flasche geleert hatte, so ungewöhnlich ausdrucksvoll wirkte, im Hinblick auf ihre Höhen und Tiefen, die sie uns in dieser Nacht darbot. Ein ganzes Leben, von dem Moment, wo sie dreizehn Jahre alt wurde, bis zu diesem Moment, wo sie einundvierzig Jahre zählte, wurde uns offenbart. Ich glaube, daß sie uns gegen vier Uhr dreißig verließ, nach den ca. neun Stunden, die sie bei uns verbracht hatte.

Ich wäre nun tatsächlich in der Lage, die Chronik ihres Lebens so darzustellen, wie es bisher keinem einzigen Schriftsteller oder Journalisten, die ihr Leben beschrieben haben, gelungen ist. Daß sie dreieinhalb Monate zuvor ihren einzigen Sohn verlor und noch dazu auf so grausame Weise, diese schreckliche Tragödie wurde zum dramatischen Höhepunkt der Nacht. Sie hat geweint wie ein Kind, sie hat ihr Schicksal verdammt, ihr Leben mit einer griechischen Tragödie verglichen und es nicht mehr als lebenswert empfunden. Maria und ich haben damals alle Schritte unternommen, um sie genau vom Gegenteil zu überzeugen: Daß sie nämlich eine der gefragtesten, populärsten und begabtesten Schauspielerinnen Europas sei, daß sie noch eine Tochter habe, mit der sie glückliche Zeiten verleben werde und daß sie letztendlich auf dem Zenit ihres Lebens stehe. Das half, und – Romy begann sich anzufreunden mit dem Gedanken – führte dazu, daß wir sie wieder lächelnd erleben konnten. Nicht mal eine Stunde verging, als sie erneut in Depression verfiel. Eine nicht unwesentliche Schuld trugen hierbei die Männer in ihrer Umgebung. Angefangen von ihrem verstorbenen Stiefvater Blatzheim bis zu denjenigen, die in ihrem Leben eine große Rolle spielten.

Dies war der richtige Zeitpunkt, um mit ihr auch über zwei Projekte zu sprechen, von denen ich meinte, daß sie die prädestinierteste Schauspielerin wäre. Zu dem zuerst genannten Film hat sie ihre Mitwirkung sofort zugesagt. Die Lebensgeschichte der jüdischen Nonne Edith Stein hat sie fasziniert. Sie kannte ihr Schicksal genau – beginnend in ihrer Jugend und endend in Auschwitz, wo sie als Nonne jüdischer Herkunft umgebracht wurde. Der zweite Stoff

Artur Brauner, um 1939

Artur Brauner mit Konrad Adenauer und John F. Kennedy am Checkpoint Charlie, 1963

… mit Willy Brandt, um 1967

... mit Fritz Lang und Debra Paget, 1958

... mit Romy Schneider (2. v. l.), Ende der 60er Jahre

Das Ehepaar Brauner mit Axel Caesar und Friede Springer, 70er Jahre

Artur Brauner mit Caterina Valente, 70er Jahre

Artur und Maria Brauner mit Hannelore Kohl (l.), Mitte der 80er Jahre

… mit Gerit und Anja Kling, um 1998

Artur Brauner und Kirk Douglas, 1999

... mit Catherine Zeta-Jones, 1999

… mit Arnold Schwarzenegger (l.), Prinzessin Maya von Hohenzollern und Siegfried (r.)

Joram Rozen, Alice Brauner-Orthen, Fela Brauner-Rozen, Frank Orthen, Artur Brauner, Jana Sczastna, Henry, Sammy und Maria Brauner (v.l.)

Artur Brauner mit seiner Frau Maria, um 1994

Curth Flatow, 1946

Alwine Flatow mit Sohn Curth

*Curth Flatow im Alter
von sechs Jahren*

Familie Flatow, um 1922

Curth Flatow (r.) im Arbeitsdienst, 1940

Curth Flatow, 1946

50. Geburtstag, 1970

... mit »Ella«, 1994

… mit Hans Rosenthal, 1980

… mit Edith Hancke, 1985

... mit Prinz Philipp, rechts: Tochter Pamela

... mit Ephraim Kishon

Berlin-Kurfürstendamm: Curth Flatow auf ›seinem‹ Boulevard

*Bei der Verleihung des Bundesverdienstkreuzes
durch Johannes Rau, 1999*

Curth und Brigitte Flatow

beinhaltete einen Roman von Vicky Baum, den sie nochmals prüfen wollte. Dazu kam sie leider nicht mehr ...

Ihr Schicksal hat uns sehr mitgenommen. Romy kam uns sehr nahe, nachdem sie rund drei Jahre in unserer Nähe wohnte und oft unser Gast war, um sich zu sonnen oder auch zu plaudern. Denn während dieser Jahre hat sie in keinem Film mitgewirkt – nach meiner Erinnerung. Gott sei Dank bleibt sie unvergessen.

Ich plage mich nun seit Monaten herum mit der Fertigstellung von zwei Filmen, von denen ich sagen darf, daß beide gelungen sind. Die Wünsche der Partner sind jedoch sowohl in Bezug auf die Qualität des Materials als auch hinsichtlich der Anforderungen dramaturgischer Natur so gestiegen, daß manchmal viele Monate vergehen müssen, bis die Erfüllung stattfindet. Gleichzeitig bereite ich die beiden Filme: »Frauenhelden – nur die Liebe zählt« als Komödie und »Babij Jar« als Drama vor. (Daneben warten weitere dreizehn fertige Drehbücher auf die Realisierung.)

Wie daraus ersichtlich wird, kann ich mich über mangelnde Arbeit nicht beklagen, weitere Aufgaben lassen ebenfalls nicht auf sich warten. Besonders schlimm jedoch ist das Verhältnis zum Finanzamt, von dem dieses meinte, daß, egal wieviel Steuern ich zahle, es immer zu wenig seien. Im Gegensatz zu Erben, die eine sehr gute Eigenschaft haben, daß sie sich nämlich auch mit weniger begnügen ...

Mir liegt das Fax von Kirk Douglas vor, in dem er seine Ankunft in Berlin ankündigt und darauf hinweist, daß wir uns treffen sollen. Und wenn wir schon bei bekannten Namen sind, sollte Ihnen vielleicht nicht die Episode verheimlicht bleiben, bei der ich mich vor einem Jahr praktisch ›blamierte‹ und die mir unvergessen bleibt:

Ich war eingeladen zum Dinner bei Kirk Douglas. Seine Frau stammt bekanntlich aus Hannover und war schon sehr oft bei uns zu Gast. Freunde sitzen miteinander, tauschen Erinnerungen aus und geben gegenseitige Versprechen ab, daß entweder Maria und ich nach L. A. oder das Ehepaar Douglas nach Berlin kommen würde (was übrigens eben jetzt in ca. drei Wochen Wirklichkeit werden dürfte). Als es zehn Uhr dreißig abends wurde, fragt mich Douglas, ob ich ins Hotel zurück möchte, was ich bejahte. Er sagte, daß er mich in ca. zehn Minuten ins Hotel bringen würde. Tatsächlich erschien ein rund zwei Meter großer Mann, mächtig, stattlich, mit einem rosa Gesicht, der mir die Hand gab und erklärte, er sei der Mann, der mich ins Hotel bringen würde. Ich verabschiedete mich vom Ehepaar Douglas, stieg ins Auto, und um nicht stumm zu sitzen, fabulierte ich, daß Kirk Douglas eigentlich nur mit dem einen Sohn Glück hätte, nämlich mit Michael. Und nun auch mit seiner neuen Schwiegertochter, Catherine Zeta-Jones, die er genauso verehrt wie ich. Daß aber sein jüngster Sohn Eric genau das Gegenteil sei und daß ich gegen ihn in Berlin Klage einreichen müsse, weil er uns in der Serie »Alaska Stories« mit seiner Gage erpresse, eine doppelte während des Drehs verlange und – falls wir seinen Forderungen nicht nachkämen – er nicht am Drehort erscheinen würde. Ich fabulierte weiter, daß es noch zwei Söhne gäbe, die unscheinbar, unprofiliert und blaß seien, die kein Mensch kenne und die wahrscheinlich völlig unbegabt seien. Nach einer kurzen Zeit befragte ich den Mann, in welchem Verhältnis er zu Kirk Douglas stehe, ob er schon lange mit ihm zusammenarbeite, ob er ein guter Chef sei, was eigentlich der Fall sein müsse, wenn man schon so lange bei ihm beschäftigt sei. Daraufhin kam seine Antwort: »Inwieweit er ein guter Chef ist, kann ich nicht sagen, aber er ist ein guter Vater, denn Sie sitzen hier zusammen mit einem seiner unprofilierten Söhne ...«

Nun können Sie sich mein Gemüt ebenso wie meinen moralischen Zustand sicherlich vorstellen. Er beruhigte mich aber und meinte, so etwas würde ihm nicht zum ersten Mal passieren.

Lieber Curth Flatow, ich bin nun der letzte, der ins Flugzeug steigt und hoffe, daß der Flug ruhig verläuft, denn ich möchte mich schon konzentrieren auf das nächste Schreiben an Sie. Ich habe übrigens überlegt, daß es plötzlich Sinn macht zu reisen – egal ob mit Flugzeug oder Bahn –, weil dies eine gute Ausgangssituation für die Korrespondenz bietet.

Nun ein paar kleine Bonmots wie üblich zum Schluß:

1.) Alex fragt seinen Freund Georg: »Sag mir Georg, wie ist denn Deine Frau so?« Darauf dieser: »Meine Frau ist ein Engel.« Meint Alex: »Meine ist auch kein Mensch.«

2.) Georg fragt Alex: »Was reizt Dich so an Deiner Frau?« Darauf
Alex: »Jedes Wort …«
Mit den besten Wünschen für Ihre Aktivitäten in jeder Band-
breite und jedem Bereich verbleibe ich für heute

Ihr
Artur Brauner

P.S.: Als ich gegen dreiundzwanzig Uhr fünfundvierzig zu Hause
eintreffe und schnell die Post durchsehe, finde ich ihr langes und
lang ersehntes Schreiben vom 15. Januar. Dieses wird natürlich
auch nicht ohne Ergebnis bleiben – aber wo bleiben die Marken?

Berlin, 20. Februar 2001

Lieber Herr Brauner,

*so haben Flugzeugverspätungen auch ihr Gutes: Sie können lange
Briefe diktieren. Ich werde demnächst versuchen, es auch so zu machen, allerdings nicht erst nach Malaga fliegen, sondern zum Flughafen Tegel, wo, wie wir alle wissen, andauernd Flugzeuge zu spät,
manchmal auch gar nicht abfliegen.*
*Mit Professor Götz Friedrich habe ich mich wenige Tage vor sei-
nem Tod in der Deutschen Oper unterhalten. Er bekam dort, nach
einer Aufführung von »La Bohème« von Otfried Laur – Berliner
Theaterclub – eine Silberne Iffland-Medaille, nicht zu verwechseln
mit dem gleichnamigen Ring, auf offener Bühne überreicht. Hinterher trafen wir uns auf einer kleinen Party in einem Extraraum und
er erzählte mir, wie froh er sei, jetzt die ganzen Schwierigkeiten als
Opernchef loszuwerden. Er wollte noch lange als freier Regisseur
arbeiten. Das ist ihm nun leider nicht mehr vergönnt gewesen.*
*Sie schreiben, daß er außer sich vor Freude war, als er von Ihnen
einen Wein – Burgunder –, der seit 1953 in Ihrem Keller lagerte,
zum Geburtstag erhielt. Kurze Zeit darauf ging er von uns. Nun
berichten Sie mir, daß Sie eine andere Flasche gleichen Jahrgangs*

Romy Schneider geschenkt haben. Ich möchte Sie in diesem Zusammenhang bitten, daß Sie, falls Sie mir eine Flasche zukommen lassen wollen, einen ungefährlicheren Jahrgang wählen. Der hat doch irgendwie einen bitteren Nachgeschmack.

Wir haben uns ja schon am Telefon darüber unterhalten, wie traurig und entsetzt wir waren, als wir Kirk Douglas wiedersahen. Er ist plötzlich ein alter Mann geworden, der auch gar nichts von seiner früheren Vitalität behalten hat. Ebenso traurig war ich am letzten Sonnabend. Da erschien in » Wetten daß « Tony Curtis, der war sich selbst gar nicht mehr ähnlich. Da sah man einen fülligen – aufgeschwemmten – Mann, der anscheinend ein Lifting hinter sich hat und sich etwas gaga benahm.

Ich habe in meiner Rede zum 80. Geburtstag gesagt, daß es viel schlimmer ist, wenn die anderen älter werden, sich selbst erlebt man jeden Tag im Rasierspiegel und die Verwandlung geht allmählich vor sich. Aber wenn man nach vielen Jahren einen guten Freund oder eine bekannte Schauspielerin wiedersieht, dann tut einem das direkt weh. Von den anderen, die für immer verstummt sind – auch die Steppschuhe von Fred Astaire werden wir nicht mehr klappern hören – will ich lieber gar nicht reden. Übrigens, ich habe neulich gelesen, daß, da die Stars ja nach Play back tanzen, die Steppgeräusche von einem Spezialisten nachträglich produziert und eingemischt wurden. So verliert man Illusionen. Eine nach der anderen. Tanzen konnte er, genau wie Sie, Herr Brauner, allerdings nur halb so schnell und temperamentvoll.

Der Seite drei Ihres Briefes entnahm ich den Satz: » Daneben warten dreizehn fertige Drehbücher auf die Realisierung.« Mein Gott, haben Sie noch viel vor! Bleiben Sie nur schön gesund und schlafen Sie vor allem genug. Vielleicht können Sie beim Diktieren Ihres nächsten Briefes ein bis zwei Seiten weglassen und sich dafür aufs Ohr legen.

Ich werde demnächst eine größere Reise unternehmen, mit dem ICE nach Mannheim fahren und von dort mit einem IC nach Karlsruhe. Da spielt nämlich ein sehr bekannter Schauspieler, Kurt Müller-Graf die Rolle von Heesters in » Ein gesegnetes Alter«. Für das Spielen eines Neunzigjährigen ist der natürlich viel zu jung, er ist erst siebenundachtzig Jahre alt. Nun gut, er wird langsam in die

Rolle reinwachsen. Ich bin sehr gespannt auf die Vorstellung, denn bisher verbindet sich mit diesem Stück für mich nur Johannes Heesters. Der will es jetzt noch einmal in Heilbronn spielen, er ist inzwischen siebenundneunzig Jahre alt geworden. Ich glaube, dieses Alter ist zumindest mir nicht vergönnt, und ich weiß auch überhaupt nicht, ob ich es erreichen will. Die Leute sollen über meine Stücke lachen und um Gotteswillen nicht mich belächeln.

In der letzten Woche habe ich Edith Schollwer im Pflegeheim besucht. Wir saßen mit ein paar Leuten zusammen und feierten ihren – man tippt jetzt auf siebenundneunzigsten – Geburtstag. Edith war sehr fröhlich, sang alle Lieder mit, kannte Textzeilen, die ich längst vergessen habe und scheint sich dort sehr wohl zu fühlen. Mir kommt es so vor, als ob sie ihre eigene Wohnung in der Hagenstraße vergessen hat. Inge Groß, die Witwe von Walter, lebt zwar noch zu Hause, ist aber auch schon sehr reduziert. Als meine Frau neulich bei ihr war, hat sie sie nicht erkannt, was Brigitte sehr getroffen hat. Mich erkennt sie natürlich, und ich mache mir ab und zu Vorwürfe, daß ich sie nicht öfter besuche. Aber es ist so schwer, immer nur Monologe zu führen und es kommt so wenig zurück.

Dennoch: Ich gebe mir alle Mühe, mit meinem neuen Stück fertig zu werden, bis zur Pause bin ich schon, und was das Liebespaar am Schluß macht, weiß ich auch. Für zwischendurch stehen schon Bruchstücke auf dem Papier. Wenn ich eine gute Schlußpointe für das zweite Bild nach der Pause gefunden habe, werde ich wieder durchschlafen.

So, das wär's. Witze oder, wie Sie sagen: Bonmots, kann ich Ihnen nicht bieten, Ihr bonmoostes Haupt ist mir da weit überlegen.

Mit den besten Wünschen für Ihre beachtenswerten Aktivitäten, Ihre Gesundheit und die Ihrer Familie

verbleibe ich

Ihr
Curth Flatow

P. S.: Den Witz Nr. 1 kann man natürlich noch verschärfen: Erster Mann: »Meine Frau ist ein Engel.« Zweiter Mann: »Haben Sie ein Glück, meine lebt immer noch.«

Lieber Herr Flatow,

besten Dank für Ihr zuckersüßes Schreiben vom 20. Februar 2001.
Ich bin erst jetzt in der Lage Ihnen zu antworten, weil ich wiederum warte, diesmal allerdings ausnahmsweise nicht auf einem Flughafen oder Bahnhof, sondern zu Hause, wo mir die Ankündigung vom Finanzamt, daß hohe Steuernachzahlungen folgen werden, einflatterte. Vor Schrecken bin ich sitzen geblieben und habe beschlossen, die Zeit sinnvoll zu nutzen, um an Sie wiederum einige Zeilen zu richten.

Ihre Empfindungen nach einem Wiedersehen mit Kirk Douglas oder Tony Curtis sind gerade mir mehr als verständlich. Ich hatte einen Moment das Gefühl, daß ich Kirk Douglas auf meinen Armen hochnehmen kann! Können Sie sich diesen irrelevanten Impuls vorstellen? Einen Mann, der einen Spartakus zum Besten gab!

Um so erfreulicher war Ihre Information über das Treffen mit Edith Schollwer. Die mit siebenundneunzig Jahren noch voll da ist (und auch Männer verführen könnte?). Bitte übermitteln Sie ihr beim nächsten Mal meine besten Wünsche und teilen Sie ihr mit, daß ich zum Hundertsten eine Einladung erwarte.

Ich habe das Gefühl, das Älterwerden macht nur Spaß, wenn man auf die Rente wartet und somit wesentlich weniger an das Finanzamt leisten muß. Im besten Sinne kann es ja als ein Rachevorgang bezeichnet werden, wenn plötzlich, statt Steuern zu zahlen, Einnahmen kommen, ohne daß man hierfür Leistungen erbringen muß. Auch wenn man davor entsprechende Leistungen vornahm. Aber für uns könnte ja die Zeit stehenbleiben – nicht wahr?!

Die Tatsache, daß man Sie oder mich manchmal nicht erkennt, liegt nicht unbedingt an der Person, die an uns vorbeigeht oder uns ansieht. Es kann auch an uns liegen. So habe ich vor einiger Zeit meine alten Fotos durchstöbert und stellte fest, daß ich auf dem Foto, auf dem ich mit zwanzig Jahren abgebildet bin, keine Ähnlichkeit mit meinem heutigen Aussehen entdecken kann. Auch mit dreißig Jahren bin ich im Vergleich zu meinem heutigen Erscheinen, ein fremder Mann. Bei vierzig Jahren begann bereits die Annäherung, und diese steigert sich bis zum heutigen Tage, allerdings nicht unbedingt im Positiven.

Ich habe Ihnen vor einiger Zeit offenbart, daß mir suggeriert wurde, ein Buch über das Thema »Mutter, geliebte Mutter« zu initiieren und zu organisieren. Ich habe eine ganze Reihe von Persönlichkeiten angeschrieben und daraufhin auch einige Zusagen erhalten. Interessant sind aber die Absagen: Der wesentlichste Teil dieser Personen begründet die Absage mit »Mangel an Zeit«. Als ob die paar Seiten um die Mutter, dem nächsten Wesen, das einen lebenden Menschen umgibt und entsprechenden Wert aufweist – egal ob sie noch lebt oder nicht mehr unter uns weilt – enorme Zeit rauben würde!

Ich habe über Umwege feststellen können, daß die meisten Menschen gar keine Beziehung dazu haben, um über die eigene Mutter etwas herzliches, sinnvolles und eigentlich naturgerechtes wiederzugeben. Es ist traurig, in einer solchen Gesellschaft zu leben. Und es ist bezeichnend, daß die schönsten Lieder um die Mutter jüdischen, italienischen und russischen Ursprungs sind, die im Text und in den Melodien exakt die Impulse wiedergeben, die man einer Mutter gegenüber zu offenbaren hat.

Warum habe ich vorgestern Nacht von Georg Thomalla geträumt? Eigenartigerweise ausgerechnet von der Szene auf dem Bahnhof in dem Film »Schwarze Augen«, wo der Zug vor seiner Nase abfährt. Vielleicht hat es tatsächlich mit der Verbindung zu Will Quadflieg zu tun, der ebenfalls in die Achtziger hineinschlitterte und nach meiner Überzeugung einen sehr schlechten äußeren Eindruck macht. Dieser hübsche Mann mit dem schönen Kopf und der künstlerischen Mähne! Man konnte ihn ja nur beneiden. Man darf also keine Parallelen ziehen, denn das Schicksal kann grausam sein.

Es gibt auch ein Mittel, jung zu bleiben: Man bewirbt sich in dem »Club der Optimisten« – es handelt sich dabei um eine Gruppe von zwölf bis vierzehn Personen, Männer wie Frauen, die sich lose zusammengeschlossen haben, um jeden zweiten Monat in dem intimen russischen Restaurant »Iwuschka« einen langen Abend gemeinsam zu feiern. Es sind bekannte Persönlichkeiten aus Berlin und Hamburg, gepaart mit einigen jungen, intelligenten und sehr hübschen Damen, die gerne einen solchen russischen Abend miterleben, in diesem Kreis vertreten. Die Mischung, die ein Durchschnittsalter von vierzig Jahren aufweist, wirkt auf das Gemüt und den Kreislauf sehr anregend.

Ich habe zur Kenntnis genommen, daß Sie Angst haben, einen 1953er Burgunder von mir als Geschenk zu bekommen, angesichts Ihres Lebensdranges und Ihrer Lebenslust. Kann ich gut verstehen. Andererseits hat auch Hans-Dietrich Genscher eine solche Flasche dargeboten bekommen und lebt noch – und zwar ziemlich munter ... Ach, ich habe ja vergessen, daß er den Wein abstellte und einen Wodka bevorzugte.

Ich war am letzten Samstag mit Kirk Douglas und seiner Frau, seiner Schwägerin und seinem Schwager im Restaurant »Reinhardt« in unserer Koenigsallee. Es war proppenvoll und entsprechend laut. Es hat etwas gedauert, bis ich die Gruppe im sechsten oder siebten Raum des Restaurants entdeckte. Douglas wollte dort unbedingt ein Wiener Schnitzel zu sich nehmen, nachdem ein solches ihm bereits in L. A. angepriesen wurde. Er hat auch eine riesige Portion bekommen und benötigte vierzig Minuten, bis er sie verschlang und ich endlich zu dem geplanten Gespräch kommen konnte ... Es ging dabei um einen Film, aber auch um die Genehmigung, aus seinem Buch, in dem ein großes Kapitel für und über seine Mutter veröffentlicht wurde, einige Abschnitte in meinem »Mutter«-Buch nachzudrucken. Er war sofort einverstanden.

Mein Sohn Sammy hat Fotos von uns gemacht, die von meiner heißgeliebten Frau Maria mit dem Vermerk beurteilt wurden: »Du siehst aus wie Kirk's Sohn ...« Ich wußte nicht, ob dies als Kompliment oder einfache Feststellung gemeint war. Um sicherzugehen, was sie damit meinte, werde ich die Bilder noch einigen anderen Personen zeigen, eventuell auch Ihnen, wenn Sie mit Ihrem Stück fertig sein werden.

Ich hätte Kirk Douglas gerne als Regisseur für den Film »Babij Jar« gesehen und ihn auch gerne für die Hauptrolle verpflichtet, aber aus gesundheitlichen Gründen kann er L. A. nicht für Monate verlassen. Ich meine, daß er diesen Umstand ehrlich bedauerte. Denn er wollte schon immer gerne mit mir zusammen, ebenso wie mit seinem Sohn Michael, einen Film drehen. Und seit zwanzig Jahren reden wir nun schon darüber ...

Eine traurige Nachricht, die auf mir lastet, die aber nicht als Einzelfall eingestuft werden soll: Eine Mieterin jüdischer Abstammung ist vor einigen Tagen in das Pflegeheim eingeliefert worden, nachdem sie laute Angstrufe von sich gab. Sie hatte plötzlich das Gefühl, daß die Gestapo kommt um sie abzuholen. Und sie wollte sich mit Händen und Füßen sträuben und schrie deshalb um Hilfe. Ein jämmerliches Bild und ein Fall, wie er sich schon oft in Berlin zutrug. Maria hat ja täglich mit diesen Menschen Kontakt und kennt ihre Nöte, Ängste, die schrecklichen psychischen Zustände der ehemals Verfolgten, wenn die Gedanken zu der infernalischen Nazi-Zeit führen. Es wird vielleicht noch Jahrzehnte – eventuell sogar Jahrhunderte – dauern, aber natürlich nicht mit den Zeitzeugen. Die Erinnerung wird kontinuierlich aufrecht erhalten durch entsprechende Literatur, Bühne, Fernsehen und Film. Denn das was geschehen ist, kann ein normales menschliches Gehirn gar nicht erfassen und begreifen.

Und wiederum, um nicht in Pessimismus zu verfallen, nachstehende Bonmots:

1.) Kommt ein Mann in ein Hotel. Es ist bereits elf Uhr dreißig nachts, alles natürlich ausgebucht, nicht mal eine Badewanne zu bekommen. Der Mann gibt dem Portier fünfzig Mark, er kann nicht auf der Straße übernachten, seine Verhandlungen dauerten zu lange, er muß in diesem Hotel eine Bleibe bekommen. Bei fünfzig Mark lohnt es sich schon nachzudenken, und der Portier hat eine Idee: Eine Frau hat während der Messezeit ein Doppelzimmer zu einem sehr hohen Zimmerpreis mieten müssen, weil sie ebenfalls unvorhergesehenerweise verbleiben mußte. Er will sie fragen, ob sie den Mann aufnehmen würde, sofern er die Zimmerkosten total bezahlt. Der Mann erklärt sich hiermit einverstanden. Sie ziert sich zunächst, aber nachdem der Portier bestätigt, daß es kein Mann, sondern praktisch ein Wrack von fünfundfünfzig bis sechzig Jahren ist, willigt sie ein. Der Mann kommt rauf, sieht sie gar nicht an, zieht seinen Pyjama an und legt sich ins Bett. Er liest eine gewisse Zeit, legt dann die Zeitung weg, dreht sich zur Seite und will einschlafen, als ihn die Nachbarin fragt – es ist tiefer Winter –: »Lieber Herr, mir ist so kalt, können Sie mir die zweite Decke aus dem

Schrank bringen?« Der Mann erfüllt ihr natürlich den Wunsch. Nach einer Weile sagt sie: »Mir ist noch immer kalt, können Sie mir nicht meinen Pelzmantel auch noch bringen freundlicherweise?« Er tut es und legt sich wieder hin, um endlich einzuschlafen. Nach einer Weile wendet sie sich erneut an ihn: »Wissen Sie, wenn mir zu Hause kalt ist, wärmt mich mein Mann.« Darauf der Mann: »Wenn Sie glauben, daß ich mitten in der Nacht Ihren Mann suche, damit Ihnen warm wird, dann haben Sie den Falschen gefunden …«

2.) Jeckes unter sich: Ein Jecke kommt in einen Drogerieladen, der einem anderen Jecken gehört. Fragt der Kunde: »Haben Sie etwas gegen Wanzen?« Antwort des Inhabers: »Ich persönlich nicht …«

Ich hoffe, lieber Herr Flatow, ich habe Sie nicht gelangweilt und wünsche Ihnen alles Gute bis zur nächsten Premiere. Bis dahin verbleibe ich
   mit den besten Grüßen

Ihr
Artur Brauner

Berlin, 12. März 2001

Lieber Herr Brauner,

tief beschämt antworte ich heute erst auf Ihren Brief, der mich schon im Februar erreichte. Sie sind ja immer viel schneller als ich. Und Ihnen fällt auch viel mehr ein. Das liegt wahrscheinlich daran, daß sie viel reisen und Ihr Leben dadurch interessanter ist. Ich sitze still an meinem Schreibtisch, sehe nur meine Frau Joachim, die immer mehr dahinschwindet, weil sie eine Diät macht, während ich meine zwei Kilo, die ich zuviel habe, nicht loswerde.
   Aber wir haben neulich die in meinem letzten Brief angekündigte Reise nach Karlsruhe gemacht, meine Frau und ich. Dort habe ich mir, die Reise geschah aus lauter Neugier, angesehen, wie ein an-

derer und sehr guter Schauspieler mein Stück »Ein gesegnetes Alter« spielt. Bis dahin hatte ich ja nur Johannes Heesters in Ohr und Auge. Nun erlebte ich einen bekannten Bühnenschauspieler, Kurt Müller-Graf, der auf ganz andere Weise auch sehr, sehr gut war. Am Schluß mußte ich natürlich auf die Bühne. Ich machte wieder einen Umweg, weil ich vor so viel Leuten nicht gerne Stufen heraufgehe, und badete im Applaus. Dann kam noch der Kulturdezernent von Karlsruhe, sprach ein paar anerkennende Worte und überreichte mir einen überdimensionalen Blumenstrauß, den wir auf der Rückreise in Mannheim gelassen haben. So hatte wenigstens die Familie meiner Frau auch etwas davon.

Der ICE nach Berlin war einer von der 1. Serie, er wackelte so, daß ich beim Kreuzworträtselraten immer in die falsche Spalte kam. Die Rotweinflasche im Speisewagen mußte ich vorsichtshalber festhalten. So, das war nun mein Ausflug in die große weite Welt, in der Sie zu Hause sind und ich nicht.

Ich sitze wieder an einem neuen Stück, wußte nicht, wie es enden sollte und gestern wußte ich plötzlich Bescheid. Es war nur eine Umstellung nötig, und nun gehe ich einigermaßen frohgemut auf das Ende zu, auf das Ende des Stückes natürlich, nicht auf meins.

Bei der Kurfürstendamm-Premiere haben wir uns ja nur kurz gesehen, und die Situation dort stimmt mich ein bißchen traurig. Plathe ist groß angekommen, »Fabian« auch, ebenso wie der Ayckbourne. Aber das Publikum will und will nicht recht kommen. Aber jetzt kommt ja das Stück mit Herbert Herrmann und Wolfgang Spier, das in Hamburg mit Riesenerfolg gelaufen ist, und das wird bestimmt besser gehen. Komisch, von Ayckbourne habe ich schon so gute Stücke gesehen, aber das ist nicht das beste. Und die Kalkulation, daß Katja Riemann das ganze Film- und Fernsehpublikum ins Theater zieht, ist auch – zumindest am Anfang – nicht aufgegangen. Genauso wie beim »Landarzt«, obwohl der Plathe das sehr gut spielt.

Nun ja, im Herbst kommt schon wieder einmal »Das Fenster zum Flur«, ein Stück, das in den ganzen einundvierzig Jahren – so alt ist es schon – eigentlich immer irgendwo gelaufen ist. Und die Serie, die ich von 1983 bis 1986 geschrieben habe, haben sie jetzt auch, ich glaube zum fünften Mal, wiederholt. Aber es stehen noch zwei Stücke zur Uraufführung an, und ich bin sehr gespannt, ob sie Erfolg haben. Meine letzte Uraufführung mußte ich in Wien erleben. Christiane Rücker spielt die Hauptrolle, jetzt auch in Neuwied und Bad Godesberg.

Vor vielen Jahren habe ich eine Komödie geschrieben, die im Fernsehmilieu spielt. »Das glückliche Paar«, ein großer Erfolg in Düsseldorf, in Mannheim und in Stuttgart. Und in Berlin spielen sie immer nur mit dem Gedanken, es zu spielen. Eben hatte ich ein Gespräch mit Robert Stromberger, der sich von seiner Serie, die gestern angelaufen ist, distanzieren mußte, weil ein junger Mann sie so umgeschrieben hat, daß er seine Idee nicht wiedererkannt hat. Er hat seinen Namen zurückgezogen. Und dieser Stromberger ist der Mann, der »Die Unverbesserlichen« und »Diese Drombuschs« geschrieben hat. Es ist schrecklich, die jungen Leute, die erst etwas lernen müßten, wollen sich nicht belehren lassen. Soweit über Theater und Fernsehen.

Ich habe gestern auch etwas Lustiges gehört, Peer Schmidt hat es mir erzählt: Ein Mann sagt: »Ich will mich erhängen, aber erst wenn alle Stricke reißen.«

So, das wäre heute ein etwas kürzerer Brief als sonst, aber ich wollte Sie nicht länger darben lassen.

Ich wünsche Ihnen und Ihrer Familie alles Gute, vor allem Gesundheit und verbleibe, mit herzlichen Grüßen, denen sich auch meine Frau anschließt

Ihr
Curth Flatow

Berlin, den 19. März 2001

Lieber Herr Flatow,

ich habe am gleichen Tag, als ich von Ihnen das Schreiben vom 12. März erhielt, eine Nachzahlungsaufforderung in siebenstelliger Höhe vom Finanzamt bekommen. Man braucht nicht unbedingt einen Intelligenz-Quotienten von hundertachtzig zu besitzen, um nachvollziehen zu können, daß der Inhalt Ihres Schreibens mir viel, viel lieber war. Und so wird es auch in der Zukunft bleiben – das versichere ich Ihnen.

Ich verfolge Ihre Informationen, und dies schon seit langer Zeit und kann einen Aspekt bei Ihnen feststellen, den ich unbedingt ausräumen möchte: Sie sprechen immer wieder ein Thema an und lassen es mich nicht vergessen, daß Sie nämlich nur sehr schwer laufen, beziehungsweise die Treppen hochsteigen können – gelingt mir auch nicht. Ich habe aber einen Trick, wie ich ganz schnell jede Treppe hochkomme, und wenn es sogar fünf oder sechs Etagen sein sollten: Die SS ist hinter Dir! Dieser Gedanke genügt, um die Beine schnellstens arbeiten zu lassen und gleichzeitig zu vergessen, daß man nicht mehr der Jüngste ist.

Es ist kein Spaß, es ist leider bitterer Ernst, aber in diesem Fall als hilfreich zu bewerten. Sie können sich Gott sei Dank dieses Satzes nicht bedienen. Ich habe schon überlegt, ob es eine andere Möglichkeit gäbe, Sie zum Rennen zu bewegen. Eine Schwiegermutter haben Sie ja nicht, sonst würde der Gedanke an diese Sie vielleicht hochtreiben. Aber möglicherweise sind Sie auf einen Regisseur besonders wütend!? Dann denken Sie an ihn, wenn Sie eine Höhe begehen und den höchsten Punkt erreichen wollen …

Sie beschreiben den Jubel, der im Publikum laut wurde, als Sie auf der Bühne in Karlsruhe erschienen. Dies wundert mich überhaupt nicht. Was mich jedoch wundert ist die Tatsache, daß Sie bisher nicht mit dem Bundespreis ausgezeichnet wurden! Sie haben doch Millionen von Menschen zum Lachen gebracht, zu einem Lachen, für das man sich nicht schämen muß. Ein genußvolles Lachen oder Lächeln – wer hat dem Volk noch so viel Freude gebracht wie Sie, abgesehen von Curt Goetz oder Loriot, aber weitere Namen fallen mir nicht ein. Ich werde diesbezüglich nunmehr eine Initiative entfalten, die – bei etwas Glück, und diesmal soll es von Seiten Ihrer Frau kommen – zum Gelingen beiträgt. Ich sehe Sie schon im Roten Rathaus in der Nähe von unserem Regierenden Bürgermeister Eberhard Diepgen stehen, mit rosa Bäckchen und wunderschön lachend, den Bundesfilmpreis entgegennehmend. Und ich kann ebenfalls heute schon sehen, wie Sie die Treppen zum Roten Rathaus nach oben gelangen! Ich von einer Seite, meine Frau von der anderen, und Sie schweben nach oben und merken gar nicht, wenn Sie die Spitze bereits erreicht haben. Mir dagegen muß entweder von Ihrer oder von meiner Frau durch entsprechenden Anstoß geholfen werden, damit ich auch oben ankomme.

Ich versuche zu analysieren, warum Georg Thomalla immer wieder in meinen Gedanken ›herumspukt‹. Neulich habe ich ein Foto gefunden, wo er mit Schnurrbart mit Rita Paul abgebildet ist. Beide waren jung, frisch und knusprig. Bei dem Wort knusprig denke ich an Sonja Ziemann, dieses reizende, zauberhafte Mädchen, sie wurde von Bully Buhlan und Georg Thomalla geliebt. Und nicht nur von den beiden, von Tausenden anderen Jungen und Männern, die sie verzaubert hatte. Manche der heutigen TV-Zuschauer oder Kinobesucher wissen gar nicht mehr, wer sie ist. Ebenso ist der Name O. W. Fischer größtenteils vergessen, von Profil- und Charakter-Darstellern schon gar nicht mehr zu sprechen. Ich bin ja neugierig, wann ich in Vergessenheit geraten werde

Der Film »Babij Jar« absorbiert mich noch immer Tag und Nacht. Sie werden entweder am nächsten oder übernächsten Samstag eine ganze Seite über mich und dieses Projekt lesen können. Bitte kaufen Sie sich die »Berliner Morgenpost« – ich erstatte die Kosten natürlich, aber nicht in bar, sondern in Form von Briefmarken mit den schönsten russischen Motiven, die noch vor der Inflation gedruckt wurden. Nach Lektüre dieses Interviews wird es Ihnen sicherlich schwerfallen, weitere Komödien zu verfassen, zumindest für einen gewissen Zeitraum.

Es ist mir nicht mehr erinnerlich, ob ich Ihnen erzählt habe, warum Rudolf Prack in den beiden Filmen »Die Privatsekretärin« und »Roman eines Frauenarztes« – beides große Erfolgsfilme der CCC – nicht in unseren Studios drehen wollte. Er hat seine Weigerung damals damit begründet, seine Frau verfolge ihn und er habe sogar Angst, daß sie mit dem Messer auf ihn losginge. Er wolle sein Leben nicht riskieren und deshalb nicht in Berlin drehen. Wir hätten also die Wahl: Entweder wir drehten mit ihm außerhalb Berlins oder verzichteten auf ihn.

Es ist verständlich, daß Rudolf Prack ein Star war, und man auf ihn nicht verzichten konnte. Außerdem ist das Drehbuch direkt auf ihn zugeschnitten worden. Ich habe also kapituliert und heute muß ich sagen, Gott sei Dank, denn aus dem Gewinn des Films »Roman eines Frauenarztes« habe ich mir das Grundstück in der Koenigsallee kaufen, den Bau errichten können und darf noch bis zum heutigen Tag da wohnen, ohne Miete bezahlen zu müssen. Eine falsche Entscheidung hätte wahrscheinlich dazu geführt, daß ich noch heute in einer Vier-Zimmerwohnung am Hohenzollerndamm 87 domiziliert wäre.

Und nun eine Geschichte, die wiederum in Zusammenhang steht mit dem Haus, in dem ich ›hause‹, aber bezeichnend, da das Geschehen auch Sie angeht: Zu der Zeit, als wir zwölf bis fünfzehn Spielfilme pro Jahr drehten, brauchte ich natürlich nicht nur einen, sondern zwei Dramaturgen und gleichzeitig Lektoren. Ich habe mir also einen Mann, der sich seinerzeit gemeldet hat, zu einem Gespräch geladen, um mir einen Eindruck verschaffen zu können. Er war groß, hager, ungefähr zweiunddreißig Jahre alt, adelig und intelligent. Ich habe ihm erklärt, daß wir verschiedene Filme drehen, nämlich Filme direkt für das Volk, also Unterhaltungsfilme, sowie dramatische Unterhaltungsfilme wie »Die Ratten«, »Vor Sonnenuntergang«, »Der 20. Juli« etc., und dann noch politische Filme, die mit dem Krieg und dem Nazi-Regime zu tun haben. Er müßte also bei seiner Lektüre diese Vielfalt an Stoffen berücksichtigen und seine Stellungnahme entsprechend abfassen. Ich habe veranlaßt, ihm zwei Drehbücher zu übergeben, die er dann zu begutachten hätte. Einige Tage später erhielt ich seine Analyse und überlegte, wie ich nun vorgehen soll. Ich entschied, ihn in die Koenigsallee einzuladen, es war zur Sommerzeit, um auf der Terrasse im Garten ein ausführliches Gespräch mit ihm zu führen. Ich habe mir in seiner Anwesenheit sein Gutachten durchgelesen, in dem am Schluß die Worte standen: »Absolut abzuraten«. »Die Dialoge sind kitschig, die Figuren schablonenhaft, die Story trivial, eine Schnulze ersten Grades. Ein Totalverlust.«

Beim zweiten Gutachten war er ein bißchen moderater, indem er erklärte: »Man muß noch sehr, sehr viel arbeiten«, aber er glaubte dennoch nicht, daß es zu irgend einem Resultat führen würde. Auch hiervon sei abzuraten. Ich nahm ihn also an die Hand, führte ihn um das Haus und fragte ihn, wie ihm dieses gefiele. Er meinte, es sei ein wunderschönes Haus, aber wahrscheinlich teuer. Ich antwortete: »Stimmt, das Haus ist schön, billig ist es auch nicht, aber lieber Herr A. von B., dieses Haus konnte ich mir erlauben – inklusive Grundstück – vom Profit des Films, von dem Sie dringend abgeraten haben, nämlich vom Film ›Roman eines Frauenarztes‹ mit Rudolf Prack. Ich habe einen anderen Titel verwendet, um Sie nicht auf den Gedanken zu bringen, daß das Buch bereits verfilmt wurde.« Seine Farbe im Gesicht wechselte von grün zu gelb bis rot, und am Ende wurde er blaß. Ich habe mich mit ihm geeinigt, daß er nicht fest angestellt, sondern als freier Lektor/Dramaturg hin und wieder von uns Treatments, Drehbücher oder Romane zur Begutachtung bekommen würde. Haben Sie beim Theater/Fernsehen auch solche ›Sachverständige‹ erlebt?

Ausnahmsweise diktiere ich diese Zeilen weder am Flughafen, noch auf dem Bahnhof. Meine Frau machte mir ein Fußbad, um mir die Möglichkeit zu bieten, die Treppen hinaufzulaufen. Mein Wirtschaftsprüfer wohnt im III. OG eines Altbaus – also Treppen zur Genüge und kein Fahrstuhl –, weshalb ich mich zwei bis drei Tage, bevor ich mit ihm verabredet bin, auf diesen Gang vorbereiten muß. Beginnen tue ich mit dem Fußbad, zweimal am Tag, ebenso nehme ich – auch auf Anraten meiner Frau – morgens und abends je eine halbe Grapefruit sowie zwei Kiwis ein. Die sollen angeblich die Fußfersen stärken! Ich habe schon zwei Proben exerziert und bin tatsächlich im dritten Stock angelangt. Nachdem dieses Experiment glückte, wird es nun ab sofort selbstverständlich benutzt.

Lieber Curth Flatow,
in Ihrem nächsten Schreiben würde ich gerne Ihre Zeilen vermissen wollen, wonach Sie physisch nicht unbedingt auf der Höhe sind. Sie sollten lieber daran denken, wie Sie bei Ihrer Frau aufpassen müssen, um Konsequenzen zu vermeiden – solche wären tatsächlich in Ihrem Alter nicht unbedingt erwünscht.

Nun erinnere ich mich am Schluß dieser Zeilen, daß Ihnen meine Idee für ein Theaterstück weniger gefallen hat, weil Sie bereits ein ähnliches konzipiert haben oder konzipieren wollen. Ich mache mir darüber keine Sorgen, denn mein Gehirn arbeitet Gott sei Dank noch ausgezeichnet, und das bedeutet, daß ich mich dann auf einen

Mann und andere Frauen konzentrieren werde. Ich werde die Geschichte etwas umkonstruieren, wie es gegenwärtig die Komponisten machen: Ein, zwei kleine Veränderungen und schon ist die GEMA fällig.

Sicherlich wünschen Sie auch heute – wie immer – einige Bonmots, hier sind sie:

– Ein Amerikaner kommt in einen fernöstlichen Laden, um chinesische, thailändische oder taiwanesische Antiquitäten zu kaufen. Er geht in dem großen Laden herum, von links nach rechts, von nord nach süd und findet nichts passendes. Er steht schon an der Tür und will das Geschäft verlassen, als er plötzlich der Verkäuferin erklärt: »Doch, da drüben in der Ecke, den ollen Buddha, den möchte ich kaufen.« Sagt die Verkäuferin daraufhin: »Geht leider nicht, mein Herr, das ist unser Chef.«

– Ein Mann sitzt im Zug, schlohweiß und heulend. Ihm gegenüber sitzt ein junger Mann, der nicht zusehen kann, wie sein Gegenüber Tränen vergießt. Er entscheidet sich, den Alten zu fragen, ob er ihm helfen könne. »Nein«, antwortet der schlohweiße Mann. »Es ist doch sicherlich etwas Schlimmes passiert«, meint der junge Mann. Sagt der alte Mann: »Ja, etwas ganz schreckliches.« Meint der Jüngere: »Vielleicht wollen Sie mir offenbaren, was geschehen ist?« Darauf der schlohweiße Mann weinend: »Ja – ich bin gestern entlobt worden.« Der junge Mann schaut ihn an und meint: »Entschuldigen Sie bitte, mein Herr, wie alt sind Sie?« Sagt dieser: »Fünfundachtzig.« Sagt der andere: »Und sie sind entlobt worden?!« Sagt der Alte: »Ja, leider, deshalb bin ich traurig.« Fragt der Junge: »Wie alt ist denn die Braut?« Sagt der Alte: »Die Braut ist Zweiundachtzig.« Sagt der Junge: »Und da sind Sie entlobt worden?« Darauf der Weinende: »Ihre Eltern waren dagegen.«

– Im Wiener Café sitzt ein Mann. Er ist der letzte Gast, liest die Zeitung und lacht sich tot. Der Kellner ist neugierig, geht hinten herum auf den Gast zu, schaut ihm über den Rücken auf die Zeitung, und was sieht er? Der Gast liest Todesanzeigen und schüttelt sich vor Lachen. Der Kellner denkt, der Mann ist nicht normal, denn wer lacht schon beim Lesen von Todesanzeigen?! Er beschließt aus Neugierde, ihn zu fragen: »Entschuldigen Sie bitte, mein Herr. Sie wissen, daß bei uns in Wien der Gast noch immer König ist. Aber hier passiert etwas, was mich sehr neugierig macht. Können Sie mir bitte erklären, warum Sie bei Lektüre von Todesanzeigen lachen? Meint der Gast: »Ja, sehr gerne, mein Herr. Schauen Sie mal, hier: Ilse Behrmann, gestorben, sechsundsechzig Jahre. Roice Versel, gestorben, zweiundsiebzig Jahre. Ingrid Ilmenau, gestorben, vierundsiebzig Jahre. Hubert Bergman, gestorben, neunundsechzig Jahre. Der Kellner schaut ihn zweifelnd an, noch immer nicht verstehend, was daran so lustig sein soll und fragt den Gast. Daraufhin dieser: »Ah, sehr einfach: Ich bin schon vierundachtzig – ich bin schon drüber …«

So, lieber Herr Flatow,
ich hoffe, Sie sind mir nicht böse sind, daß Sie zehn bis fünfzehn Minuten für die Lektüre dieser Seiten benötigen werden. Ich habe etwas länger für das Diktat gebraucht, aber auch nicht so viel mehr. ›Time is money‹ – und ich habe weder das eine, noch das andere. In diesem Sinne grüße ich Sie herzlich und verbleibe für heute
    mit den besten Wünschen

Ihr
Artur Brauner

Berlin, 26. März 2001

Lieber Herr Brauner,

Sie haben das letzte Mal so reichlich geschrieben, daß mein Faxgerät gestreikt hat und die letzte Seite einfach nicht ausdruckte. Aber ich habe sie mir telefonisch durchgeben lassen, damit ich keine Zeile von Ihnen versäume.

*   Und das alles fällt Ihnen zwischen vier und fünf Uhr früh ein! Manchmal schrecke ich um diese Zeit auf, lege mich auf die andere Seite und denke daran, jetzt hat der Brauner wieder eine Seite diktiert. Er segelt förmlich durch die Themen. Er muß Seitenwind haben.*

114

Zum Glück haben wir uns am Samstag wieder einmal getroffen, und von Ihrer entzückenden Tochter war ich geradezu begeistert. Schön und intelligent, kein Wunder, bei diesen Eltern. Schön ist sie allerdings mehr von Maria.

Aber nun zu dem Musical. Ich bin kein Griesgram, aber ich bin »Grease« gram. Die beiden Lautsprecher auf der linken Seite waren drei bis vier Meter von uns entfernt und eine ganze Zeitlang haben meiner Frau und mir die Ohren weh getan. Es war alles so schrecklich schrill, englisch verstehe ich zwar einigermaßen, aber amerikanisch, noch dazu gesungen, da bleiben nur ein paar Worte hängen. Dann stören mich diese schrecklichen Bügel, an denen das Mikrophon angebracht ist, das genau vor dem Mund hängt. Da denke ich immer, wenn sie sich bloß nicht bei einer Liebesszene ineinander verhaken. Aber das ist der Fortschritt der Technik. Früher hatten wir einfach einen Beleuchter, heute dafür einen Lightdesigner. Komisch, früher haben wir auch alles gesehen, was sich auf der Bühne abspielte, und zum Beispiel Edith Schollwer hat im »Theater des Volkes« vor dreitausend Zuhörern »Das war in Schöneberg, im Monat Mai« ohne Mikrophon gesungen, und jeder hat sie verstanden. Sie singt es übrigens heute noch, allerdings im Pflegeheim. Auch in der Deutschen Oper, in die tausendvierhundert Leute reingehen – wenn sie rein gehen – kommt keiner auf die Idee, Mikrophone im Gesicht zu tragen. Es steht auch keinem Menschen.

Nun saßen wir also da im Schiller-Theater, in der dritten Reihe, ich stellte vorsichtshalber gleich mein Hörgerät ab, aber es half nichts. Und noch in der Pause habe ich kaum ein Wort von Ihnen verstanden. Jetzt weiß ich, warum die Kinder nicht mehr hören. Sie können es einfach nicht, weil sie in die Disco gehen. Da haben die Boxen immer lautere Absichten.

Herr Brauner, Sie sind wirklich unermüdlich, nicht nur im Schreiben, sondern auch im Lesen. Wenn ich an die zweiundzwanzig Drehbücher denke, die bei Ihnen lagern und die Filme, die Sie produzieren, komme ich mir mit einem Theaterstück pro Jahr direkt poplig vor. Ich lese es allerdings auch mehrfach durch.

Etwas anderes las ich neulich in der »Bild«-Zeitung. Da hieß es, ein Mann wurde gefeuert, weil er beim Sex das Licht ausgemacht hat. Der Mann war Leuchtturmwärter. So bringt die »Bild«-Zeitung ab und zu etwas Erfreuliches. Ich kann die Artikel über und von Jenny Elvers nicht mehr sehen. Wer ist das überhaupt? Ich glaube, sie war mal Heidekönigin, und als sie mal kurz mit Lauterbach schlief, wurde sie angeblich populär. Wenn über alle, die mit mir geschlafen haben, soviel geschrieben würde, müßte die »Bild«-Zeitung ihren Umfang vergrößern. Soeben las ich, daß nicht Dieter Bohlen Schluß gemacht hat, sondern »Naddel«. Das beruhigt mich ungemein.

Übrigens, um das gleich klarzustellen, ich laufe Treppen sehr gut hinauf, aber nur sehr schlecht hinunter. Ich brauche immer ein Geländer. Und wenn ich das schaffe, sage ich immer: »Je länder, je lieber.«

Sie wundern sich, daß ich noch nicht mit einem Bundespreis ausgezeichnet worden bin. Bin ich doch. Ich habe zweimal ein Verdienstkreuz bekommen – wahrscheinlich ein Versehen –, eins von Berlin und eins von der Bundesrepublik. Außerdem hat mich Herr Diepgen überflüssigerweise zum Professor e. h. ernannt. Die Goldene Kamera und der Telestar stehen auch in meinem Schrank, sowie die Iffland-Medaille des Berliner Theaterclubs. Also was will ich noch mehr. »Sir« kann ich leider nicht werden, wir haben ja leider immer noch keine Königin. Das Schloß bauen sie auch nicht wieder auf, das passiert nur in Potsdam, und den neuen Flughafen werden sie auch in den nächsten Jahren nicht zustande bringen. Nun gut, Leipzig hat inzwischen einen gebaut. Die Dresdner Frauenkirche ist auch bald fertig. Berlin hängt immer hinterher.

Wir können uns eigentlich nur mit dem Gendarmenmarkt schmücken und mit dem KaDeWe. Und mit uns beiden natürlich.

Am letzten Sonntag hat man uns wenigstens eine kleine Freude gegönnt: Die Republikaner haben es diesmal nicht geschafft, in den Stuttgarter Landtag einzuziehen. Dafür hat die NPD schon wieder eine Kundgebung angekündigt.

Wenn ich ab und zu mal seine Sendung sehe, dann frage ich mich, ob der Friedman durch sein Auftreten eine Reklame für seine Religion ist. Viele Juden finden ihn zu provokant, und ich weiß nicht, was die Antisemiten sagen. Es gibt leider immer noch zu viele. Auch in Amerika. Die Juden sind wahrscheinlich zu tüchtig, nicht nur in der Wirtschaft, auch am Broadway. Auch Rassenhaß gibt's überall. Wenn man daran denkt, daß Sammy Davis jr. früher mal vor seinen Auftritten die Lokale nicht durch den Vordereingang betreten durfte, sondern durch die Küche gehen mußte – haben Sie übrigens sein Buch gelesen »Warum gerade ich?«, das ist sehr interessant –, ist man froh, daß sich da was geändert hat, aber so ganz trau' ich dem Frieden nicht. Dem im Nahen Osten leider ebensowenig. Wenn man bedenkt, wie viel Land es in der Gegend gibt, aber keiner will die Palästinenser da siedeln lassen, dann ist das eigentlich bezeichnend.

Meine Frau Joachim, die mir gegenübersitzt, wird mit ihrem Mann jetzt nach Israel fliegen, und ich bin gespannt, was sie mir bei ihrer Rückkehr erzählen wird.

Ach, wir leben in einer schrecklichen, ungesunden Zeit. BSE breitet sich aus, genau wie die Maul- und Klauenseuche, und Menschen können die Creutzfeld-Jakob-Krankheit bekommen – die Namen der beiden Forscher klingen auch nicht gerade arisch, um das Wort mal wieder zu gebrauchen. Die Natur rächt sich. Ich habe Tiertransporte im Fernsehen verfolgt. Da sind die armen Tiere tagelang unterwegs, brechen sich die Knochen und werden im wahrsten Sinn des Wortes wie Vieh behandelt. Wenn ich im Fernsehen ein Kälbchen sehe, schmeckt mir am nächsten Tag das Kalbfleisch nicht mehr. Man müßte eigentlich Vegetarier werden, aber der Mensch ist und bleibt inkonsequent.

Den Artikel über meine Mutter werde ich noch einmal durchsehen. Wir haben damals gedacht, er wäre schon zu lang und haben es am Schreibtisch gekürzt. Die Sätze werden mir bestimmt wieder einfallen.

So, das wär's für heute. Meine Briefe sind leider nicht so lang wie Ihre. Mein Stück ist übrigens fertig, und jetzt muß ich es noch einmal durchsehen.

Mit herzlichen Grüßen, auch an Ihre Familie, bleibe ich

Ihr
Curth Flatow

P.S.: Eine Briefmarke für Ihre Antwort lege ich bei. Es muß ja nicht jeder unser intimes Geständnis lesen.

Lieber Herr Flatow,

ich kann nicht behaupten, daß ich Gewissensbisse habe, weil ich Ihr Schreiben vom 26. März 2001 bisher nicht beantworten konnte. In Gedanken liegt die Antwort schon seit mindestens vier Wochen bei Ihnen vor – von der Absicht her habe ich bereits am 27. März ein Schreiben an Sie gerichtet –, aber die Realität hat mich eingeholt und beide oben genannten Absichten verhindert.

Es ist inzwischen ein wunderschöner Mai geworden – ausgenommen drei restliche Regentage am vorletzten Wochenende –, und ich sitze im Garten und arbeite, in der Ruhe nur von den aus dem Wasser kommenden Enten gestört, aber sie machen es nicht absichtlich, sondern wollen nur gefüttert werden.

Ich habe nach Erhalt Ihres Schreibens vom 26. März eine sehr lustige Geschichte, die mir vor langen Jahren passierte und einen gewissen Zusammenhang mit Ihrer Person aufwies, erzählen wollen. In der Zwischenzeit hat mich jedoch die Wirklichkeit, die bittere Realität eingeholt und die Gelegenheit, Ihnen diese Story zu offenbaren, torpediert.

Um auf Ihr letztes Schreiben zurückzukommen: Verstanden habe ich nicht, warum Ihr Fax-Gerät streikt! Es ist doch kein Pilot bei der Lufthansa! Oder hat es sich anstecken lassen?

Beleidigt haben Sie mich mit Ihrer Erklärung, wonach Alice ihre Schönheit von Maria und nicht von mir hat. Ein Mensch, der mich erfreuen will, erzählt mir genau das Gegenteil!

Ja, die Lautstärke in den Theatern, den Musicals und besonders in den Discotheken ist nun so angestiegen – mein Sohn würde sagen: so »galaktisch« –, daß das Gehör sukzessive verstümmelt wird. Die Kinder hören jetzt schon wenig auf ihre Eltern und was kommt danach?

Auf Ihre Offenbarung, wonach sie sozusagen Minderwertigkeitskomplexe verspüren, weil ich zweiundzwanzig Drehbücher im Jahr lese und Sie nur ein Theaterstück – dies allerdings wiederholt – kann ich mit einer gewissen Anregung antworten, indem Sie nämlich die wiederholten Überprüfungen, wie glänzend die von Ihnen verfaßten Dialoge sind, auf die Hälfte kürzen und somit zumindest noch ein zweites Stück werden schreiben können – im gleichen Jahr natürlich.

Ganz überrascht bin ich von Ihrer Mitteilung, daß Sie bereits zwei Bundesverdienstkreuze – also links und rechts – tragen dürfen, abgesehen von den vielen weiteren Auszeichnungen wie der Goldenen Kamera, der Iffland-Medaille, etc., etc. Ich ging daraufhin an meinen Schrank und stellte fest, daß nur noch zwei weitere Auszeichnungen bei Ihnen fehlen und Sie wären pari mit meinen. Kapriziös wie ich bin, werde ich versuchen, diesen Schritt nach vorne zu verhindern, indem ich höllisch aufpasse, ob Sie mit weiteren Auszeichnungen versehen werden oder ob Sie die gegenwärtige Konstellation auf sich beruhen lassen, was ich Ihnen aus tiefstem Herzen rate …

Das Buch von Sammy Davis jr. habe ich leider nicht gelesen. Ich werde es mir beschaffen lassen. Titel: »Warum gerade ich?«

Sie sprechen von den Tiertransporten und den armen Tieren. Und ich werde laufend verfolgt von den tausenden und zigtausenden jüdischen Opfern, die zusammengepfercht mit hundertzwanzig bis hundertfünfzig Personen in einem abgeschlossenen Waggon mit kleinen verriegelten Fenstern in die Todeslager transportiert wurden. Diese Menschen, diese Gesichter, dieser Zustand steht mir immer vor den Augen. Frauen, Mädchen, Männer aus guter und bester Gesellschaft durften ihre Notdurft nur im Waggon verrichten und diesen nicht verlassen. Es war ihnen nicht gestattet, sich zu setzen, sie durften höchstens tot umfallen. Zeitweise waren sie zehn Tage lang unterwegs, und als die verriegelten Türen geöffnet wurden, war eigentlich schon ein Drittel der Opfer tot, und die anderen sind verdreckt, beschmutzt und bestimmt nicht nach Parfüm duftend in die Todeskammern gejagt worden. Diese Affinität – zusammen mit dem Geschehen von Babij Jar, mit dem ich nun täglich konfrontiert werde – beinhaltet einen psychischen Schlag für mein Wesen, den ich bisher noch nie so empfunden habe. Ich stelle mir die Frage, wie Menschen – wenn ich sie noch als Menschen bezeichnen kann – so grausam, bestialisch, infernalisch – eigentlich fehlt mir schon die Bezeichnung für diese Mörder – handeln und töten konnten! Wie war es möglich, daß diese kultivierte Nation in der Lage war, Säuglinge mit Kugeln zu durchlöchern? Wie brachten sie es über sich, Kinder lebendig zu begraben? Wie konnten sie die Mütter fragen, ob sie das kleine Kind auf dem rechten Arm oder ein zweites auf dem linken Arm erschießen sollen – welches sie nun eher hergeben würden?

Ich habe mir auch sehr viele Gedanken gemacht und auch mit vielen bekannten Personen und Persönlichkeiten hierüber diskutiert, ob überhaupt eine andere Nation auf dieser Welt fähig wäre, die ungeheuerlichen Verbrechen, die ungeheuerlichsten seit Bestehen der Menschheit, zu verüben. Abgesehen von den südostasiatischen, die ich nicht genau kenne, würde ich sagen, daß es kein anderes Volk gegeben hätte und geben würde, das zu diesem Massenmord an wehrlosen Menschen, gut organisiert und diszipliniert, fähig wäre.

Ich hatte Ihnen ja bereits mitgeteilt, daß an den beiden Neujahrstagen am 28./29. September 1941, Jüdisches Neujahr 5701, die SS zusammen mit der Wehrmacht der von Feldmarschall von Reichenau befehligten 6. Armee und mit der schwarzen SS, der Sipo, der ukrainischen SS und Polizei die gesamte jüdische Bevölkerung der Stadt Kiew ausgelöscht hat. Exekutiert, zerfetzt, lebendig begraben. Auf grausame Weise wurde die Bevölkerung belogen und betrogen, indem man ihr versichert hat – mit dem Ehrenwort eines deutschen Offiziers, das war der SS-Obersturmführer Paul Blobel –, daß sie nach dem Westen evakuiert würden, um dort für das Deutsche Reich arbeiten zu können, um nicht in die Hände der Ukrainer zu fallen.

So gingen sie wie die Lämmer in den Tod, ohne zu ahnen, was auf sie zukommt, und die Lautsprecher spielten die schönsten und lustigsten amerikanischen Melodien, um die Schüsse der Maschinengewehre zu übertönen. Dies konnte nur von ›intelligenten‹ Mördern ausgedacht werden. Weder Dschingis-Khan, noch Hannibal oder die Babaren wären in der Lage gewesen, auf eine so zynische Art ihre ›Gegenspieler‹ – in diesem Fall die wehrlosen Opfer bestehend aus Greisen, Frauen, Kindern und Säuglingen – durch Kugelhageln zu durchlöchern.

Wie Sie aus diesen Zeilen ersehen, werde ich schon wieder zu depressiv und möchte nicht, daß sich diese Stimmung auf Sie überträgt. Deshalb wie üblich ein Bonmot zur Erheiterung:

120

Open Air-Theater: Ein Mann steht in der Schlange zur Kasse, end-lich ist es so weit: Er sagt zu der Kassiererin, daß er zwei Karten kaufen möchte. Fragt die Kassiererin: »Für Madame Butterfly?« Meint er: »Wo denken Sie hin, für mich und meine Frau …«

So, ich beende dieses Schreiben an Sie, indem ich Ihnen alles Gute wünsche und mit Ungeduld Ihre nächsten Nachrichten erwarte.
  In diesem Sinne verbleibe ich für heute
  Mit herzlichen Grüßen

Ihr
Artur Brauner

Berlin, 21. Mai 2001

Lieber Herr Brauner,

Sie behaupten in Ihrem Brief, daß Sie keine Gewissensbisse haben, weil Sie meinen erst jetzt beantworten. Sollen Sie auch nicht. Für Gewissensbisse haben wir beide sicher genug andere Gründe.
  Schon der Gedanke, Sie beleidigt zu haben, weil ich fand, daß Ihre Tochter Alice die Schönheit von Ihrer Mutter hat, löste bei mir zweieinhalb schlaflose Stunden aus. Ich habe Brigitte befragt – Frauen sehen ja alles genauer. Sie meinte, die Augen und die Nase hätte Alice von Ihnen. Mag alles sein, ich finde Ihre Tochter trotz-dem schön.
  Übrigens haben wir, Dr. Hachfeld und ich, doch mal einen Film für Sie geschrieben, »Ein Mann muß nicht immer schön sein«. Mit diesem Lied tröste ich mich seit meinen sogenannten besten Jahren, also schon ziemlich lange.
  Dabei fällt mir ein, wie die Reaktion aus Spandau war, als wir das Drehbuch ablieferten. »Viel zu viele Einstellungen«, sagte man. Das bedeutet mindestens achtundzwanzig Drehtage, wir haben es zähneknirschend auf zweiundzwanzig Tage gekürzt, und der Re-gisseur Hans Quest drehte den Film dann in achtzehn Tagen ab.

Und so war er auch. Ich weiß noch sehr genau, wie sehr ich mich darüber geärgert habe, daß Quest meine Lieblingspointe nicht gedreht hat, aber mein Humor war ihm wahrscheinlich zu trocken, deshalb hat er dafür Gunther Philipp in die gefüllte Badewanne fallen lassen.

Sie verstehen nicht, warum mein Faxgerät ab und zu streikt? Es hat sich – wie es mir versichert hat – nicht von den Piloten der Lufthansa anstecken lassen. Es streikt ja nicht nur am Donnerstag, sondern auch an anderen Tagen, manchmal sogar sonntags. Bei meinem Faxgerät hat das irgendwie mit Geduld zu tun. Bei Ihrem vorletzten Fax hat es erst bei der letzten Seite gestreikt. Der Brief war ihm zu lang.

Ich schrieb Ihnen in meinen (vorläufig) letzten Brief, daß mir die Tiere, die durch die Gegend gekarrt werden, leid tun. Sie erinnerten mich daraufhin an die Menschen, die in übervollen Güterwagen wie Vieh in die Lager transportiert wurden, und viele kamen gar nicht mehr lebend an. Und noch heute quält mich der Gedanke, daß meinem Vater dasselbe passiert sein könnte oder ist. Er war in einem Lager in den Pyrenäen. In den Baracken versuchte man oft vergeblich im Winter bei fünf Grad minus zu überleben. Das war die Temperatur in den Baracken! Mein Vater mußte dort seinen Bruder begraben.

Unter Beihilfe der französischen Polizei – das darf man nicht vergessen – wurden die Menschen verladen. In seinem letzten Brief schrieb mein Vater, daß schon viele »abreisen«. Wir haben das damals nicht so verstanden, und ich kann nur hoffen, daß ihm diese »Reise« erspart geblieben ist. Denn wenn ich denke, daß er ... Ich will das lieber nicht zu Ende denken. Wenn Sie mein Buch wirklich gelesen haben, werden Sie Bescheid wissen, daß wir die Wahrheit nicht erfahren haben und aller Voraussicht nach nie mehr erfahren werden.

Ich finde, kein Mensch hat das Recht, ein anderes Lebewesen zu quälen, das tun nur Unmenschen, die glauben, sich das Recht nehmen zu dürfen, anderen Menschen so etwas anzutun. Manchmal frage ich mich, was den Lokomotivführern und Heizern der Züge während ihres Dienstes durch den Kopf gegangen ist. Ich fürchte gar nichts.

Immer wieder beschäftigt mich die Frage, warum Gott das alles zugelassen hat. In meinem Stück »Durchreise«, das in der Nazizeit spielt, sagt Monika ein paarmal »lieber Gott« und »guter Gott«. Darauf antwortet Salomon: »Warum soll Gott lieb und gut sein, bei den Menschen ...«

Neulich konnte ich im Fernsehen miterleben, wie Goebbels über die Juden gesprochen hat, die in den Steinbrüchen umkamen. »Sie mußten zum ersten Mal in ihrem Leben arbeiten, und das haben sie nicht ausgehalten«, sagte Goebbels. Das Publikum fand das komisch und lachte, natürlich nicht herzlich, sondern aus vollem Halse. Wissen Sie eigentlich, daß Goebbels sich vor 1933 bei Mosse beworben hat. Die haben ihn damals abgelehnt. Ich überlege manchmal, was er im »Berliner Tageblatt« geschrieben hätte, wenn sie ihn eingestellt hätten.

Soweit über die Nazizeit. Die Wunden heilen, aber die Narben bleiben. Aber nun mal raus aus dem Tal, wir leben ja heute.

Neulich waren wir zur Hochzeit meiner ehemaligen Sekretärin eingeladen – und zwar ins Ritz Carlton. Ich hielt eine Rede und sagte unter anderem: »Wir haben sehr gut zusammengearbeitet, zwischen uns hat nie etwas gestanden, nur der Schreibtisch.« Ich habe mir wirklich nichts dabei gedacht, vor allem nicht das, was die anderen sich gedacht haben. Es gab zu meiner großen Überraschung ein Riesenlacher.

Mit meinem Stück bin ich fertig, es ist schon kopiert, aber gestern fiel mir noch eine Pointe ein, und meine Frau Joachim mußte die Seite vierundsiebzig neu schreiben. Da das Stück nicht zu lang ist, stört der hinzugefügte Satz nicht.

Mit eigenen Witzen, oder, wie Sie so etwas nennen, »Bonmots«, kann ich Sie leider nicht beglücken. Da fallen mir nur Sachen ein, die ich mal gehört habe. Der Komiker Hermann Held hatte einmal auf der Bühne der Scala einen Anzug an, dessen Hosen zu kurz waren. Er erklärte dem Publikum: »Mein Schneider wollte nicht länger für mich arbeiten.« Und dann sagt ein anderer Komiker: »Da hatte ich noch einen Obststand, dreimal haben sie mich fruchtlos gepfändet.« Eben fällt mir meine Lieblingspointe ein, die in meinem Stück »Das Geld liegt auf der Bank« vorkommt: Da erzählt der Verleger, daß er mit seiner Frau nur Ärger hat und daß sie ihn betrügt. Am liebsten möchte er sie loswerden. Daraufhin behauptet sein Bruder, ein Schuldirektor: »Das ist bei uns ganz anders. Bis daß der Tod uns scheidet!« Sein Bruder antwortet: »An Mord habe ich auch schon gedacht.«

Eben lese ich Ihren Brief noch einmal durch und ich muß Ihnen sagen, ich bin etwas traurig darüber, daß Sie mir weitere Auszeichnungen nicht gönnen. Warum eigentlich? Aber zu Ihrer Beruhigung kann ich Ihnen mitteilen, daß ich keine mehr bekommen werde, denn ich bin nach fünfunddreißigjähriger Tätigkeit als Präsident der Dramatiker-Union zurückgetreten.

Die nächste Ehrung wird in einer Kapelle stattfinden, und da habe ich vorsichtshalber die Rede, die ein anderer über mich halten wird, schon selbst geschrieben. Man kann nicht vorsichtig genug sein. Ich habe sie übrigens schon zweimal aktualisiert.

In meinem Alter denkt man manchmal über so etwas nach. Sir Peter Ustinov stellte man einmal die Frage, wann er am liebsten sterben würde. Ustinov hat geantwortet: »Am Ende eines Satzes.« Ich bin anmaßender. Ich möchte eigentlich gern die Uraufführungen meiner (ebenfalls vorläufig) letzten Stücke noch miterleben, falls sie Erfolg haben. Aber das ist an und für sich sehr anmaßend von mir, da ich jedes Jahr ein Stück herausbringe, muß ich dann schon weit über fünfundachtzig werden.

Komisch, daß man über viele früh Verstorbene immer denkt, sie wären älter als man selber. Manchmal fallen mir die Reisen zu Peter Alexander nach Morcote ein. Es war kurz nach dem Aufstand in Ungarn. Nach dem sehr guten Essen überlegten Josef von Baky und ich, ob wir dem eleganten Butler Trinkgeld geben sollten. Baky sprach eine Weile ungarisch mit ihm und kam dann zu mir zurück und sagte: »Das geht nicht, er steht im Adel über mir.«

Mit Ulrich war ich auch einmal da, und da meinte er, als wir wieder im Hotel saßen: »Der Alexander hat ja eine gute Stimme, aber nicht so eine Röhre wie der Lanza.« Als wir vorher bei Tisch saßen, flüsterte mir Peter Alexander zu: »Irgendwann wird das Hörgerät von Ulrich ein Pfeifen von sich geben.« Es pfiff dann wirklich, wir verkniffen uns das Lachen. Heute pfeift mein Hörgerät auch ab und zu, und die anderen müssen sich das Lachen verkneifen.

Ich hoffe, bald von Ihnen zu hören und verbleibe mit herzlichen Grüßen an Sie und Ihre Angehörigen

Ihr
Curth Flatow

Berlin, 21. Mai 2001

Lieber Herr Brauner,

was Sie von mir nie zu hören bekommen haben, gebe ich Ihnen jetzt schriftlich. Ich hatte zu Ihrem achzigsten Geburtstag eine kleine Rede vorbereitet, aber erst hat Maria eine längere Rede gehalten, dann Dieter Stolte, wer der Dritte war, habe ich vergessen, und ich merkte, daß die Gäste schon unruhig wurden, sie hatten Sehnsucht nach dem Büffet. Und da habe ich meine Seiten wieder eingesteckt, will sie Ihnen aber nicht vorenthalten:

Lieber Herr Brauner, meine sehr verehrten Damen und Herren! Keine Angst, ich sage nur ein paar Worte. Von einer Rede kann eigentlich keine sein.

Es wurde heute Abend schon so viel von Ihren Verdiensten um den deutschen Film gesprochen. Aber unser Jubilar hat ja auch noch ganz andere Talente.

Ich habe den Komponisten Brauner erlebt. Zu dem Film »Morituri« steuerte er eine etwas elegische Melodie bei. Er schrieb sie natürlich nicht auf, das hat Wolfgang Zeller getan, Herr Brauner sang sie ihm vor. Es ist also keine Alterserscheinung, er sang damals schon. Leider hat er nichts für seine Stimme getan. Sonst wären heute vier Tenöre auf Welttournee. Schade!

Damals sang er also vor, was ihm eingefallen war, und ich durfte den Text schreiben. »Ein Lied ist leis' verklungen und niemand singt es mehr«. Diese meine Worte waren geradezu prophetisch, denn kein Mensch hat das Lied später gesungen! Deshalb haben wir beide damals die Gründung eines eigenen Musikverlages verschoben, obwohl die Berliner schon einen Namen dafür gefunden hätten: »Atzeton«! Ein anderes Talent von Herrn Brauner ist: Er kann Menschen zusammenbringen, die eigentlich gar nicht zusammen gebracht werden wollen. So wie heute abend.

Den Tänzer Brauner haben sie ja alle schon einmal erlebt. Er tanzt unermüdlich, temperamentvoll und drückt seine Partnerin fest an sich. Meine erste Frau hat er so gedrückt, daß er ihr eine Rippe angebrochen hat, meine jetzige Frau litt noch tagelang unter Atembeschwerden. Mich hat er auch oft gedrückt, aber nicht beim Tanzen, sondern bei Honorarverhandlungen.

Heute las ich in einer Zeitung, daß ein Interviewer den Vorschlag machte, das Leben von Artur Brauner zu verfilmen. Das geht nicht. »Ben Hur« wäre dagegen ein Kurzfilm. Und dann die Besetzung. Für den jungen Artur findet man ja schon jemanden, aber für den Brauner von heute? Welcher Schauspieler kann einen achtzigjährigen Jugendlichen darstellen?

Ich habe ihn übrigens verteidigt, wenn er angegriffen wurde von Leuten, die sich mehr für seinen Verdienst als für seine Verdienste interessierten. Wenn man Erfolg hat, hat man Neider, und je länger man Erfolg hat, desto größer wird der Neidclub. Es gab immer Leute, die ihn über die kalte Schulter angesehen haben, ihn nicht für voll nahmen. Denen habe ich gesagt: Der Mann hat was! Der Mann hat wirklich was. Das Beste, was er hat, ist seine Frau Maria. Ihn bewundere ich, sie verehre ich, ja sie liebe ich. Ohne Maria an seiner Seite wäre er bestimmt nicht der große Produzent geworden, ohne sie nicht der Vater einer großen Familie, auf die er bestimmt ebenso stolz ist, wie auf seine anderen Produktionen.

Vor dem rüstigen und tüchtigen Achtziger verbeuge ich mich, vor seiner Frau Maria möchte ich mich verneigen!

Das war meine Rede. Nicht für den Briefwechsel bestimmt, sondern nur für Sie.

Viele Grüße

Ihr
Curth Flatow

126

Berlin, den 11. Juni 2001

Lieber Herr Flatow,

Ihr letztes Schreiben datiert vom 21. Mai, mein heutiges vom 11. Juni, womit in der Zwischenzeit einundzwanzig Tage = drei Wochen vergangen sind. Nach der Statistik sind in dieser Zeit ca. zwanzig Millionen Menschen geboren worden, und eine ungefähr gleich hohe Zahl hat unsere Welt für immer verlassen. Daß wir weder zu der einen noch zu der anderen Kategorie zählen, veranlaßt mich, weiterhin die Korrespondenz mit Ihnen zu führen – bis zum Umfallen …

Es freut mich, daß Sie es für richtig empfunden haben, Ihre Annahme zu korrigieren, wonach Alice doch meine Schönheit und die Klugheit von der Mutter hat.

Sie erinnern sich sicherlich an den Film »Ein Mann muß nicht immer schön sein«. Ich dagegen werde täglich konfrontiert mit der Beharrlichkeit meiner Frau, die mir suggeriert – und zwar beinahe stündlich – »du mußt schön sein«, »du mußt allen gefallen«, »du bist schon quasi ein Teil der Öffentlichkeit«, und deshalb werde ich jegliche Initiative unternehmen, um meine Schönheit – nicht mal teilweise – verschwinden zu lassen. Da kommt bei mir der Vergleich auf, warum ausgerechnet meine Frau mich als »Schönling« behalten will, während andere Frauen, eifersüchtiger als sie, sehr darauf aus sind, daß ihre Männer nicht gut aussehen, damit sie die Konkurrenz nicht fürchten müssen.

Es ist schon merkwürdig, daß jetzt, nachdem Sie ein reifes Alter erreicht haben, die nostalgischen Gedanken an Ihr früheres Familienleben, die Erinnerungen an Vater und Bruder stärker ausgeprägt sind, als es in früheren Zeiten der Fall war. Wahrscheinlich wird dieser Zustand noch zunehmen. Denn bei mir ist es auch nicht anders oder besser gesagt, noch viel krasser, aber ich empfinde das unglaubliche, für ein menschliches Gehirn völlig unverständliche, das Inferno, inszeniert und vollzogen auf zynische, grausame und mordlüsterne Weise gegenwärtig als Teil meines Daseins. Es vergeht nach wie vor kein Tag, an dem ich nicht mit der Vergangenheit konfrontiert werde. Und heutzutage, in einer Zeit, wo ich den

Film »Babij Jar« produziere und realisiere, kommen einem die Vorgänge unvergleichlich grausiger vor als zu früheren Zeiten.

Ich glaube, daß niemand, aber tatsächlich niemand, auf eine solche psychisch und seelisch grausame Konstellation eingestellt war. Weder die Täter noch die Opfer, und dabei spreche ich von Opfern, die durch irgendwelche glücklichen Umstände, durch die Fügung Gottes überlebten. Sie werden sicherlich in der Zeitung gelesen haben, daß ich den Prozeß gegen den SS-Mörder Priebke gewonnen habe. Er, der dreihundertfünfunddreißig Menschen erschießen ließ, unter denen sich fünfundsiebzig jüdische befanden, der zwei oder drei eigenhändig erschoß und mich auf Unterlassung verklagte, weil ich ihn einen »Massenmörder« und »Kriegsverbrecher« nannte, der Zigtausende auf dem Gewissen hat! Da verlangt doch so ein Mörder, an dem so viel Blut klebt – und wir wissen ja nur Einzelheiten um den Prozeß, alle anderen mörderischen Taten von ihm sind ja unbekannt geblieben, weil die Opfer nicht mehr klagen können – ausgerechnet von mir eine Rücknahme dieser Äußerungen und keine weiteren Verbreitungen unter Androhung einer Strafe von fünfhunderttausend Mark oder sechs Monaten Haft! Das sind die Zeiten, in denen wir gegenwärtig leben …

Ich denke an die Lokomotivführer, die die Menschen in den Tod brachten – und dies jahrelang. Ich denke auch oft an die Sekretärinnen, die die Todesbefehle eines Reichsmörders wie Himmler, Heydrich, Göhring, Goebbels oder anderen Mördern abgetippt haben und weitergaben. Dies gilt genauso für die niedrigere Charge der SS-Gestapo-Mörder. Diese Sekretärinnen haben doch nun ganz genau gewußt, daß Menschen ermordet werden sollen. Die Fernschreiben – eines habe ich vor einigen Tagen vertraulich zugesandt bekommen – von einem SS-Obersturmführer an den höheren SS-Polizeiführer des Distrikts Kiew handelten täglich von Erschießung von so und so vielen Männern, Frauen und Kindern. Ganz offen, ohne Angst und Verhüllung. Diese Sekretärinnen, die doch sicherlich selbst verheiratet waren und Kinder hatten, ließen zu, daß hunderttausende von Kindern umgebracht wurden und haben ihre Arbeit geleistet, ohne daß auch nur eine einzige, nicht während der Nazi-Zeit und auch nicht danach, ihre Stimme erhoben und der Öffentlichkeit mitgeteilt hätte, daß sie etwas Schreckliches begangen haben, indem sie schwiegen. Nicht eine einzige, ebenso wie kein einziger Mörder der Sipo, Gestapo, Gendarmerie oder SS nach dem Krieg Reue bekannte und sich freiwillig dem Gericht stellte. Er wäre bestimmt nicht zu einer hohen Strafe verurteilt worden, und die SS-Mörder hätten zumindest eine Figur, an der sie sich hätten anlehnen können. Aber nichts dergleichen geschah …

Und da kommt der Gedanke auf, wenn Hitler als Maler nicht abgelehnt und Goebbels bei Mosse verpflichtet worden wäre, so wäre die gesamte Weltgeschichte anders verlaufen. Und fünfundfünfzig Millionen Opfer – unter ihnen sechs Millionen unschuldige jüdische Menschen – wären noch am Leben.

Ich verstehe nicht, warum Sie erstaunt waren, als die Gäste im Ritz-Carlton Ihre Erklärung kopfschüttelnd zur Kenntnis nahmen, wonach Sie sehr gut mit der Sekretärin zusammengearbeitet haben und daß zwischen Ihnen nur der Schreibtisch stand – man kennt Sie doch und weiß deshalb genau, daß Sie sehr wohl in der Lage sind, einen Schreibtisch beiseitezuschieben, falls Sie es für notwendig halten und ein Ziel anpeilen.

Lieber Herr Flatow,

Sie werden über fünfundachtzig Jahre alt werden!

Ein Geist wie der Ihrige kann nicht vor Erreichen des neunzigsten oder fünfundneunzigsten Jahres den Körper verlassen. Es steht doch fest, daß sich beide Teile – Geist und Körper – gegenseitig lieben, auch wenn sie sich in der letzten Zeit unterscheiden und jeder andere Wege geht. Deshalb werden Sie noch viele Stücke zustande bringen und diese wie immer am Ku'Damm aufführen lassen, und wir werden zusammen Rotwein trinken und uns an die Zukunft erinnern (ist der gleichnamige Titel eines amerikanischen Films).

Die Episode »Alexander/Ulrich«, verbunden mit der Erklärung von Ulrich, daß Alexander »keine Röhre wie Lanza« habe, erinnert mich an mein Treffen mit Mario Lanza in Rom, als ich den Film »Granada« mit ihm und Caterina Valente zu drehen beabsichtigte. Das erste Treffen fand im Hotel Excelsior in Rom statt. Sein Manager namens Branone, der in München wohnte, hat mich gewarnt, nicht ohne Kaviar einzutreffen. Dabei soll es sich nicht um die hundertdreizehn Gramm-Dosen handeln, auch nicht um die zweihundertfünfzig und schon gar nicht um die fünfhundert Gramm, sondern nur um die zwei Kilogramm-Dosen.

Ich habe also nolens volens die zwei Kilo-Dose, die ich für meine Frau, meine Wirtschafterin, die sehr gerne Kaviar aß, und mich zurückgelegt hatte, eingepackt und nach Rom mitgenommen. Lanza hat mich mit »O sole mio« begrüßt, hat mich drei- oder viermal abgeküßt (ich mag Männerküsse überhaupt nicht). Er fragte gleich danach, ob ich ihm guten Kaviar anzubieten hätte. Ich bejahte, worauf der Kellner gerufen wurde, einen großen Teller brachte, die zwei Kilo-Dose darauf stellte und normale Kaviarlöffelchen brachte. Lanza opponierte und verlangte große Löffel. Auch dieser Wunsch wurde ihm natürlich erfüllt. Und nun passierte etwas, was ich in meinem ganzen Leben nicht mehr vergessen werde:

Lanza aß die zwei Kilo Kaviar alleine auf, im Laufe von anderthalb Stunden.

Abgesehen davon, daß dies schädlich ist und unter Umständen einen Kollaps herbeiführen kann, benebelt ein so ungeheurer Appetit das Gehirn. Aber Lanza – dieses Gefühl hatte ich zumindest – hätte noch eine weitere zwei Kilo-Dose verspeisen können. Er war zu diesem Zeitpunkt schon ziemlich füllig. Es wurde halb neun, neun und schließlich halb zehn Uhr – Lanza lud uns zum Dinner in seine Villa ein. Diese Villa, sagte er mir, gehöre dem Marschall Bagdolio, dem Heeresführer Italiens während des Krieges. Seine Frau, mit der er vier Kinder zeugte, kam dazu, eine Amerikanerin vom Scheitel bis zur Sohle, drei Kinder setzen sich ebenso zu uns, und zu meiner Linken nahm sein Agent Platz. Lanza begann plötzlich zu lachen und ich hatte schon Angst, daß der unglaubliche Verzehr an Kaviar ihn dazu veranlaßte. Ich fragte an, warum er so lachen würde, ich hatte Angst, daß er zusammenbricht. Meine Frage wurde prompt beantwortet: Ich säße auf dem Stuhl, den Mussolini bei jeder Anwesenheit im Palazzo eingenommen habe. (Es fehlte nur noch die Erklärung, daß auch Hitler in dieser Villa gastierte, aber Gott sei Dank war dies nicht der Fall.)

Nun begannen wir zu essen. Lanza legte seine Platten auf und stellte den Plattenspieler so laut, daß wir kein einziges Wort mehr verstanden. Und Lanza aß, aß und aß – ohne Ende. Dann verschwanden er und nach ihm seine Frau plötzlich aus dem Zimmer.

Sie kehrten zurück, waren noch besserer Laune, und dies wiederholte sich einige Male, bis sich herausstellte, daß beide viel Whisky außerhalb des Speisezimmers tranken, und als sie zum sechsten Mal zurückkehrten, waren beide voll bis obenhin. Dann begann er selbst zu singen, und wahrscheinlich hat er die Texte selbst zusammengebastelt, weil die Frau so vulgäre Bewegungen machte und Ausdrücke von sich gab, von denen ich annahm, daß sie bestimmt nicht salonfähig seien. Dann schlief Lanza ein während seine Frau verschwand. Ich blieb allein mit dem Agenten und den Dienern, die scheinbar an diese Vorgänge gewöhnt waren.

Ich fuhr irgendwann ins Hotel zurück. Der Agent versicherte mir, daß Lanza die Rolle übernehmen würde und daß der Wunsch, wonach er zwischen fünfzehn und zwanzig Kilo abnehmen müsse bis zum Drehbeginn erfüllt sei, weil er selbst eine solche Abmagerungskur ins Auge gefaßt habe. Und die Quintessenz: Er fuhr zur Abmagerungskur, die er scheinbar nicht durchhalten konnte und starb drei oder vier Wochen nach unserem Treffen an Herzschlag. Er war eben zu fett, das Herz hielt seine Eskapaden nicht durch.

Um den Menschen und wunderbaren Sänger Lanza habe ich lange Zeit getrauert, weil er eine Person voller Leben war. Mit der richtigen Frau – die beste wäre meine gewesen – hätte er noch viele Jahre gesund weiterleben und die Welt mit seinem Gesang beglücken können. Er wäre nicht der vierte der drei Tenöre, sondern der erste unter ihnen gewesen.

Ich war in der letzten Woche zweimal zu Talk-Show-Gesprächen in Westdeutschland im Fernsehen zu Gast. Beide Moderatoren, eine Frau und ein Mann, haben mich befragt, wie ich seinerzeit zu der Entscheidung gekommen sei, in dem Land der Täter (ich benutze immer den Ausdruck »Mörder«, weil ein »Täter« auch ein Dieb sein kann) zu bleiben, und ich mußte bei meiner Antwort immer stocken, weil die Frage berechtigt ist. Mein Argument besteht darin, daß ich mit meinen zwanzig Filmen, die den Opfern der Nazizeit gewidmet sind – und dabei handelt es sich nicht nur um jüdische, sondern auch deutsche, polnische, russische und andere Nationen – eine Mission erfülle, bei der ich alleine auf weiter Flur stehe. Denn es gibt weltweit keinen anderen Produzenten, der mehr als einen Film, der in der Nazizeit spielt, produzierte. Der Grund hierfür?

Das deutsche Publikum ignoriert einfach Filme, die zum Andenken an die unschuldig getöteten Opfer dienen. Ich habe diese Bürde auf mich genommen – aus Pietätsgründen und Verpflichtung als Lebender gegenüber den Toten. Und das bedeutet, Millionen von Mark zu verlieren, Monate und Jahre für die Vorbereitungsarbeiten bis zur Realisierung herzugeben, um dann bei den Verleihern und TV-Sendern zu antichambrieren, um die Filme der Öffentlichkeit zugänglich zu machen.

Darüber, daß ich diese schwere Aufgabe auf mich nahm und sie konsequent seit 1947 durchzog, wundere ich mich selbst, denn wie viele Nackenschläge habe ich einstecken müssen? Wie viele schändliche Entscheidungen seitens der Filmförderungsanstalt – die Ablehnungen der Fördermittel für die Filme »Oskar Schindler – ein Engel in der Hölle«, »Von Hölle zu Hölle«, »Der Golem« und nun auch für »Babij Jar«, einem der wichtigsten Filme der Neuzeit – habe ich hinnehmen müssen? Ich vermerke einen Konsens zwischen den verschiedenen Gremien, eine Art Absprache, welche Filme politischen Inhalts auf keinen Fall gefördert werden sollen. Ich vermerke diese Tatsache mit einer besonderen Behutsamkeit, und es wird die Zeit kommen, wo ich die Gelegenheit wahrnehme, um diese Art, Filme mit solch wichtigen Themen so zu behandeln, offenbaren und diskreditieren werde.

Sie haben in Ihrem letzten Schreiben sehr viele hübsche, kurze Witze hervorgebracht. Ich bin diesmal nur in der Lage, Sie mit zwei kleinen Bonmots – Sie werden mich hoffentlich entschuldigen, beim nächsten Schreiben werden es mindestens vier sein – zu erfreuen.

Bonmot Nr. 1:
Wir befinden uns im Straßencafe des Hotel Kempinski vor einigen Jahren, und zwar zu der Zeit, als die Miniröcke modern waren. Der populäre Kritiker Friedrich Luft, der für den RIAS die Kritiken schrieb ebenso wie für den »Tagesspiegel«, sitzt mit Emil Rameau, dem Chefdramaturgen des Schiller-Theaters und des Schloßpark-Theaters zusammen, um von ihm die neuesten Planungen für die Saison zu erfahren. Er redet auf ihn ein, aber Rameau blickt von links nach rechts, von rechts nach links und scheint ihn gar nicht

zu hören. Luft wird ärgerlich und äußert endlich den Satz: »Lieber Herr Rameau, ich bin hierher gekommen, um mit Ihnen ernsthaft die Planung der Saison ihrer zwei wichtigen Häuser zu besprechen, da ich in den nächsten zwei Tagen etwas darüber schreiben soll, und Sie schauen nur den Mädchen mit den kurzen Röcken nach. Halten Sie das für richtig und moralisch vertretbar?« Darauf Rameau, der zu diesem Zeitpunkt vierundachtzig Jahre alt war: »Lieber Herr Luft, was erzählen Sie für Geschichten? Ich denke nur an eines: Siebzig müßte man sein ...«

Bonmot Nr. 2:
Ku'damm, nachts. Ungefähr die gleiche Ecke. Ein westdeutscher Kaufmann übernachtet in Berlin, will in seine Pension und sieht auf der Straße – es ist Mitternacht – ein junges, sehr hübsches Mädchen, das ihn anspricht. Er beschließt, seine ›Abstinenz‹ abzulegen und nimmt sie in sein Hotelzimmer mit. Als er sie im Licht sieht und sie beginnt, sich auszuziehen, merkt der Mann, daß sie ein besonders junges Gesicht hat. Er stellt ihr die Frage: »Sag mir, Mädchen, wie alt bist Du?« Darauf sie: »Gerade dreizehn geworden«. Darauf er: »Zieh' Dich schnell an und verschwinde von hier.« Darauf sie: »Wieso, sind Sie abergläubisch?«

Sie werden verstehen, daß ich nicht weitergehen und die Handlung fortsetzen möchte. Deshalb beende ich mein heutiges Schreiben, indem ich Sie sehr herzlich grüße und in der Hoffnung, Sie trotz des nicht unbedingt in die Tiefe gehenden Inhalts nicht enttäuscht zu haben, denn die Lektüre meiner Schreiben kosten Sie ja Zeit, und die Zeit ist ja bei Ihnen das kostbarste, das Sie aufzuweisen haben. Das ist der Grund, warum ich manchmal Gewissensbisse habe, wenn ich so lange Briefe an Sie richte.
Ich kann mich auch auf kürzere einstellen, hängt von Ihnen ab.
Alles beste für Sie.
Mit freundlichen Grüßen

Ihr
Artur Brauner

P. S.: Es ist bereits zwei Uhr sechsundvierzig, und meine Frau ist noch nicht zu Hause. Sie erklärte mir kategorisch, daß, sofern ich es für richtig halte, meine Nächte mit Korrespondenzen an Curth Flatow zu verbringen, sie es für richtig halte, ihre Zeit auf Hochzeiten zu verbringen. Anscheinend ist diesmal die Feier sehr feierlich.

Berlin, 18. Juni 2001

Lieber Herr Brauner,

es war falsch, mir erst nach drei Wochen zu antworten. In dieser Zeit sind – wie Sie schreiben – zwanzig Millionen Menschen geboren worden und eine ungefähr gleich hohe Zahl hat unsere Welt verlassen. Zwei von den letzteren kannte ich übrigens sehr gut und muß für sie bei der Trauerfeier in der Düsseldorfer Komödie am 1. Juli 2001 eine Rede halten. Die beiden, die Prinzipalin des Hauses und dessen Star, waren sich und mir sehr verbunden, aber ich halte nicht gerne Reden, bei denen man keine Lacher erzielt.

Bitte machen Sie es wie ich und lesen Sie meine Briefe vorher durch, damit Sie nicht zum Beispiel schreiben: »Sie erinnern sich sicherlich an den Film ›Ein Mann muß nicht immer schön sein‹«. Darüber habe ich gerade in meinem letzten Brief geschrieben. Auch das auf Maria und Sie verteilte Maß an Schönheit und Klugheit haben Sie nicht gelesen oder – vielleicht mit Absicht – mißverstanden. Nun gut, die Schönheit liegt immer im Auge des Betrachters oder der Betrachterin. Auch meine Frau findet mich schön. Ich führe das darauf zurück, daß sie sich in unseren einundzwanzig Ehejahren, ob sie wollte oder nicht, an mein Gesicht gewöhnt haben muß.

Sie haben das große Glück, trotz Ihres hohen Alters noch eine starke maskuline Ausstrahlung zu haben, die sogar ich spüre, obwohl der neue Regierende Bürgermeister von Berlin nicht unbedingt zu meiner Fraktion gehört.

Sie sind, was die Verbrechen in der Nazizeit angeht, doppelt betroffen. Nicht allein, daß Sie Teile Ihrer Familie verloren haben, was Sie nie vergessen werden, beschäftigen Sie sich auch heute mit

134

dem Thema und werden deshalb immer wieder daran erinnert. Übrigens, auch die Lokomotivführer, die die Menschen in den Tod brachten, und dies jahrelang, habe ich in meinem letzten Brief erwähnt. Sie schreiben, daß unter den Sekretärinnen die damit beschäftigt waren, sich nicht eine einzige Stimme dagegen erhob. Dazu kann ich nur sagen, eine Stimme hätte nicht gereicht, die hätte man schnell zum Schweigen gebracht.

Ich – ohne all das Schlimme zu vergessen – beschäftige mich augenblicklich sehr mit der Berliner Tagespolitik, von der ich nicht glaube, daß sie sich in den kurzen drei Monaten ändern wird. Ich könnte mir nur vorstellen, daß der smarte und beredte Gregor Gysi Chancen haben könnte. Er erntet in allen Talkshows den größten Beifall.

An dieser Stelle möchte ich noch einmal versichern, daß ich nie den Schreibtisch übersprungen habe, wobei ich nicht sagen will, daß nie etwas auf ihm passiert ist. Aber Dienst ist Dienst und Schnaps ist Schnaps.

Ich vermische nie eins mit dem anderen. Ich habe in all den Jahren keinen guten Freund für eine Rolle empfohlen, für die er meiner Ansicht nach nicht geeignet war. Nur einer Schauspielerin habe ich einmal eine Rolle geschrieben, mit der sie viel Erfolg hatte. Das geschah aber erst viele Jahre, nachdem unsere Beziehung beendet war.

Sie prophezeien mir, daß ich über fünfundachtzig Jahre alt werde. Das glaube ich nicht. Ich bin ja kein Schüler von Heesters, der mit dreiundneunzig Jahren auf der Bühne des Berliner Metropol-Theaters verkündete: »Ich habe keine Angst vor dem Alter«.

Ihre Geschichte von Mario Lanza hat mich sehr amüsiert und mir gleichzeitig gezeigt, wie viel Sie in einen Film investieren. Ich kann nur sagen, es ist ein Glück, daß er nicht während der Dreharbeiten zu dem mit Ihnen geplanten Film gestorben ist. Was hätten Sie da alles nachdrehen müssen und vor allem mit wem!

In Berlin sagt man, wenn jemand stirbt, ›er gibt den Löffel ab‹. In diesem Fall war es der Kaviarlöffel. Lanza hat sich wirklich zu Tode gegessen und ist heute fast vergessen. Aber vielleicht können diese beliebten beleibten Männer nicht anders. Auch Pavarotti müßte etwas abspecken, obwohl er es ja schon ein paarmal versucht hat.

Wie schön, daß wir beide schlank sind. Ich habe augenblicklich das Gewicht, das ich, als ich noch einen Meter achtundsiebzig groß war hatte und verdränge dabei wohlweislich, daß ich inzwischen vier Zentimeter kleiner geworden bin.

Neulich haben wir uns wieder im Theater am Kurfürstendamm getroffen, und ich habe dabei festgestellt, wie quirlig und kräftig Sie aussahen, obwohl Sie doch viele Nackenschläge der Filmförderungsgesellschaft haben einstecken müssen. Daß man Ihnen zum Beispiel »Oskar Schindler – Ein Engel in der Hölle« abgelehnt hat, einen Stoff, den Steven Spielberg – später, wie ich annehme – mit großem Erfolg verfilmt hat, werde ich nie begreifen. Anscheinend hatten die Angst, daß man diese Erinnerungsfilme nicht mehr sehen will. Was fördern die eigentlich Anständiges?

Was mir eben einfiel, ist, daß Sie mich im Theater gefragt haben, ob ich auch ein Stück schreiben würde, dessen Idee von jemand anderem, wahrscheinlich von Ihnen, stammt. Lieber Herr Brauner, ich kann das nicht mehr. Oft, wenn ich heute eine Komödie schreibe, frage ich mich, warum schreibe ich das Stück und wozu. Die erste Frage läßt sich leicht beantworten. Ich schreibe, damit meine Familie davon leben kann.

Wozu, ist schon wesentlich schwieriger. Früher konnte ich Schauspielern, die ich kannte, Rollen direkt auf den Leib schreiben. Das ist heute fast unmöglich, weil es kaum noch Stars gibt, die für Boulevardstücke geeignet sind. Die Theater haben es versäumt, junge Menschen aufzubauen, ihnen von Stück zu Stück größere Rollen zu geben, damit sie immer beliebter werden und das Publikum sich freut, sie wiederzusehen. Das ergibt dann den Aha-Effekt. »Da spielt doch die oder der mit, und die oder der war doch das letzte Mal so gut!«

Leider muß ich Sie in diesem Brief enttäuschen, ich kann Ihnen keine Witze oder Anekdoten liefern. Das liegt vielleicht auch daran, daß ich mich jetzt mit der Trauerrede in Düsseldorf beschäftigen muß.

Unter P. S. merken Sie an, daß Maria immer noch nicht zu Hause ist. Lassen Sie sie doch ruhig Hochzeiten feiern, solange es nicht ihre Hochzeit ist, denn dazu müßte sie sich ja erst mal von Ihnen scheiden lassen. Und einen solchen Gedanken möchte ich gar nicht erst denken.

136

So, das wär's, ziemlich kurz heute. Ich wünsche Ihnen und Ihrer Familie alles Gute und möchte zum Schluß nur eines anmerken: Ich bin heterosexuell – und das ist auch gut so!
Herzlich

Ihr
Curth Flatow

Berlin, den 2. Juli 2001

Lieber Herr Flatow,

wünschen Sie uns beiden, daß ich öfter verreise, um die Gelegenheit zu nutzen, öfter mit Ihnen korrespondieren zu können. In der letzten Woche war ich zu einer Talk-Show in Westdeutschland eingeladen, bei der ich einen unerwartet starken Erfolg ernten konnte. Das Buch, herausgegeben vom Frankfurter Filmmuseum, in dem unser gesamtes Archiv aufbewahrt wird, ging so oft über den Tisch, wie es bei Ihrem Buch der Fall ist. Ich habe mir Gedanken gemacht – vielleicht sind sogar Gewissensbisse aufgekommen, weil ich Sie nicht eingeladen habe, mitzukommen und einen Teil Ihrer Bücher zusammen mit meinem zu verkaufen. Das wäre ja bereits die erste Zusammenarbeit auf diesem Areal …

Meine Antwort auf die Frage der Moderatorin, wie alt ich sei, fiel wiefolgt aus: »Ich verspüre Ungnade über die frühe Geburt.« Dann wollte sie wissen, wie groß ich bin. Ich habe ihr erklärt, daß ich noch vor drei Jahren einen Meter sechsundsiebzig groß war, für diese Sendung hätte ich mich aber nicht neu gemessen, da ich nicht wußte, daß diese Frage aufkommen würde. Ich habe aber zugeben müssen, daß ich wahrscheinlich ein bis zwei Zentimeter an »Größe« verloren habe, was aber nicht so schlimm ist, nachdem ich bei den Aktienkursen viel mehr verlor.

Daß ich den Prozeß gegen den SS-Kriegsverbrecher Erich Priebke gewonnen habe, hatte ich Ihnen bereits mitgeteilt. Nichtsdestoweniger sollte ergänzt werden, daß mit diesem Ausgang wahrscheinlich der Versuch des prominenten CDU-Parteimanns Alfred Dregger, ihn aus der Haft in Rom freizubekommen, fehlschlagen wird und muß, und dies ist ein wichtiger Schritt in die richtige Richtung … Ich bin eigentlich sehr froh über den klugen Richter, der die Begründung des Urteils ausgezeichnet formulierte.

So erwarte ich von Ihnen eine Gratulation, weil ich auch den zweiten Prozeß gewonnen habe, nämlich gegen »Focus«! Sie werden sicherlich vor ca. zwei Jahren erfahren haben, daß dieses Magazin auf zwei Seiten den größten Schund über Maria abgedruckt hat, den sie von einem Buch eines Stasi-Überläufers übernommen haben. Das Ganze wurde dann von einem Deutsch-Amerikaner namens John Köhler abgesegnet. Der Chefredakteur des »Focus« namens Markwort druckte dieses Pamphlet, obwohl der (Schund-) Journalist von mir aus L. A. erfuhr – zu dieser Zeit weilte ich in den USA bei einem Autor, der das Buch für unseren neuen Film schreiben sollte –, daß das alles von A bis Z erlogen sei, und ich warnte ihn, daß er auf keinen Fall etwas aus diesem Buch veröffentlichen dürfe, andernfalls werde er nur mit Problemen, Ärger und Schadensersatzforderungen konfrontiert werden. Trotzdem hat Markwort die Anweisung zum Abdruck gegeben. Der Prozeß hat rund anderthalb Jahre gedauert mit dem Ergebnis, daß »Focus« verurteilt wurde, sechzigtausend Mark zuzüglich aller Spesen zu zahlen und eine Berichtigung zu veröffentlichen, daß der Artikel auf falschen Angaben beruhe, und diese Richtigstellung erfolgte zur vollen Zufriedenheit des Hauses Brauner.

Nun bin ich dabei zu prüfen, ob es rechtens ist, wenn ich gegen die Filmförderungsanstalt die Klage wegen kontinuierlicher Ablehnung von Förderungsmitteln der Filme einreiche, die den Nationalsozialismus zum Thema haben. Angefangen von der vehementen Ablehnung, den Film »Hitlerjunge Salomon« für den Oscar vorzuschlagen – seitens der Export Union, die die einzige hierfür zuständige Institution war – und trotz der Zeichen aus L. A. (oder vielleicht gerade deshalb), daß der Film den Oscar gewinnt, da bereits die gesamte Presse in den USA den Film in den höchsten Tönen lobte und an der Kinokasse bereits über fünf Millionen US-Dollar eingespielt waren (etwas später gewann er auch den Golden Globe, womit die Weichen für eine Auszeichnung mit dem Oscar definitiv gestellt waren), bis hin zur Ablehnung von »Oskar Schindler, ein Engel in der Hölle« (zweimal), »Von Hölle zu Hölle« (zweimal) und nun auch von »Babij Jar«, einem der wichtigsten Filme aus dieser Zeit (ebenfalls zweimal). Argumentiert wurde hierbei mit den plumpesten Ausführungen, die natürlich ein Nachspiel haben werden.

Für mich steht jedenfalls fest, daß sich nach der Wende ›der Wind gedreht‹ hat: Wenn noch vor der Wende Respekt und eventuell ein wenig Angst vor Aktivitäten herrschte, die der Moral und den obligatorischen Verpflichtungen der FFA, deutsche Filme für den internationalen Markt zu fördern, zuwiderliefen, so ist es nun, zumindest meiner Erfahrungen nach, mit dieser Loyalität und Toleranz vorbei.

Wir haben den Film »Von Hölle zu Hölle« dann doch realisiert und konnten bei der Welturaufführung in L. A. einen totalen Erfolg aufweisen. Das Publikum in L. A. – es war ein illustres – hat uns mit Standing ovations und Applaus geradezu überschüttet. Weiterhin war der Film zu sechs Festivals eingeladen und wurde von unserem Partner aus Weißrußland für den Oscar vorgeschlagen.

Ich hoffe, daß mit dem Film »Babij Jar« ähnliche, wenn nicht noch größere Erfolge – künstlerischer Natur und vielleicht auch in kommerzieller Hinsicht – erzielt werden können. Wir befinden uns bereits in der siebten Drehwoche, die Nachrichten vom Drehort sind verheerend.

Die Menschen drehen durch, angefangen vom Regisseur bis hin zu den Schauspielern und der Crew. Manche weinen, manche werden agressiv, andere wiederum entblößen sich (in doppeltem Sinne des Wortes). Ich wäre schon glücklich, wenn wir zum letzten Drehtag gelangten, da durch diese Vorgänge auch meine Nerven strapaziert werden und die Gesundheit erheblich leidet.

Sie haben sicherlich vernommen, daß Kurt Hoffmann im Alter von neunzig gestorben ist. Eigentlich war er schon vor dreißig Jahren filmtot, als die Oberhausener und die Kritik ihn auf die Abschußlinie stellten. Wir wissen jedoch, welche Verdienste er aufzuweisen hat. Seine Filme »Piroschka« oder »Spessart«, aber auch der bei mir im Jahre 1950 gedrehte Film »Fünf unter Verdacht« haben dazu beigetragen, daß das Niveau von Unterhaltungsfilmen hierzulande wesentlich angehoben wurde. Wie viele Millionen hat Hoffmann zum Lachen gebracht? Wie viele Millionen sind auch heute noch, wenn sie seine Filme sehen, begeistert und beglückt. Aber die Nachrufe für Hoffmann waren doch relativ arm. Ich finde, er hat seitens der Presse und sonstigen Institutionen eine ungemein größere Teilnahme verdient, als ihm jetzt zuteil wurde.

Ich hoffe, daß Sie die Post nach dem Frühstück und Kaffee öffnen, wobei ich natürlich davon ausgehe, daß der Kaffee so stark ist, daß Sie bei Lektüre dieses Schreibens nicht erneut einschlafen, denn ein solcher Vorgang wäre für mich untröstlich, nachdem ich auf den Schlaf verzichte, um in der Zeit zwischen viertel nach eins und drei Uhr vierundzwanzig die Zeilen für Sie zu verfassen. Lange nachdenken mußte ich nicht, aber das Diktiergerät lief zu langsam. Daher mußte ich so viel Zeit aufbringen.

Ich beschäftige mich hin und wieder mit dem – extrem – tragischen Schicksal von Maria Schell. So suchte ich in meinen Unterlagen Artikel mit ihr und über sie, ihre Fotos und gelangte zu dem Abdruck des Buches von Gustav Knuth, der sowohl über mich als auch über Maria Schell im Zusammenhang mit der Produktion des Films »Die Ratten« einen interessanten Aufschluß der damaligen Zeit, der zu diesem Zeitpunkt geltenden Verhältnisse zwischen Schauspieler und Produzenten gab. (Im Gegensatz zu dem heutigen – wenn ich mich so ausdrücken darf – antagonistischen, respektlosen Verhältnis der neuen beziehungsweise neu aufgekommenen Schauspieler gegenüber dem Produzenten, der schon länger im Filmbereich tätig ist.)

Ich darf Ihnen anliegend das Diagramm von Gustav Knuth über Artur Brauner und Maria Schell zitieren:

»Zu meinen schönsten Erinnerungen zählt der Film ›Die Ratten‹. Eine glanzvolle Demonstration hervorragender Schauspielkunst. Der Produzent dieses Films war Artur Brauner, ein Mann, der meine Sympathie und Hochachtung besitzt. Er ist der Boß der Berliner CCC-Filmproduktion. Die Branche nennt ihn schlicht und ergreifend ›Atze‹, eine Berliner Abkürzung für Artur. Ganz kurz nach Kriegsende war Brauner von Warschau nach Berlin gekommen. Als polnischer Staatsbürger, der den ganzen Krieg über auf der Flucht vor den Nazis gewesen war und nicht weniger als neunundvierzig

Verwandte in deutschen Konzentrationslagern verloren hatte. Diesem Mann hat der deutsche Nachkriegsfilm nicht wenig zu verdanken. Brauner produzierte rund zweihundert Filme. Darunter auch einige ambitionierte und hervorragend gelungene. Ich konnte ihn immer gut leiden. Bei Vertragsverhandlungen mit ihm tat man sich allerdings ziemlich schwer, denn da war er steinhart. Aber wenn man schlicht alles ausgehandelt hatte, lief die Sache reibungslos. Das Teuflische an diesem Produzenten ist der unwiderstehliche Charme. Er hat wirklich mehr Charme im kleinen Finger, als mancher seiner Stars im ganzen Edelkörper. Meine Frau Titi ist Kronzeuge für diese Behauptung.

Eines Abends saß ich mit Titi in Berlin im Restaurant ›Schlichter‹ als Brauner hereinkam. Er trat an unseren Tisch, ich machte ihn mit meiner Frau bekannt. Er setzte sich für eine Weile zu uns und sprühte wieder einmal nur so vor Vitalität und Witz. Seine riesigen schwarzen Augen, die mal melancholisch, mal ironisch, mal lausbubenhaft-lustig blicken, aber immer von einer hellwachen Intelligenz zeugen, ließen uns keine Sekunde lang los. Als er gegangen war, sagte meine Frau: ›Ich bewundere Dich! Was Du bei dem immerhin noch für gute Verträge herausholst. Ich an Deiner Stelle würde da viel weniger erreichen.‹

Bei diesem Produzenten also drehte ich 1955 ›Die Ratten‹, nach dem gleichnamigen Drama von Gerhart Hauptmann. Ich spiele Heidemarie Hatheyers Mann, den Transportunternehmer Karl John. Kein anderer Produzent als Brauner hatte sich an diesen Stoff gewagt. Die Geschichte ist ja auch reichlich trist. Sie erzählt von einem polnischen Mädchen, der Piper Karcka, das ein uneheliches Kind bekommt und es irgendwie loswerden will. Eine andere Frau, die sich ein Kind ersehnt, aber keines zur Welt bringen kann, nimmt es ihr ab. Doch plötzlich brechen bei Piper Karcka Muttergefühle auf. Sie will ihr Kind zurück haben, und es gibt ein Ende mit Schrecken.

Artur Brauner hatte es sich in den Kopf gesetzt, dieses ungeheure Seelendrama zu verfilmen. Die Branche hielt ihn – wie so oft – für gänzlich verrückt. Aber ›Die Ratten‹ wurden dann wider alles Erwarten nicht nur ein ganz großer künstlerischer Erfolg, sondern brachte auch sehr viel Geld. Robert Siodmak war der Regisseur dieses Films, in dem Maria Schell, Curd Jürgens, Heidemarie Hatheyer, Fritz Remond und ich die Hauptrollen spielen. Es muß schon vielerlei zusammenkommen, wenn ein Film ein solcher Hauptgewinn wird: überzeugender Stoff, ein gutes Drehbuch, ein einfühlsamer Regisseur und die richtigen Schauspieler. So war es auch bei den ›Ratten‹.«

Der Inhalt dürfte Sie, lieber Herr Flatow, sicherlich interessieren, da Sie zur gleichen Zeit, als wir »Die Ratten« drehten, äußerst beschäftigt waren mit dem Abfassen von Drehbüchern für die CCC-Film wie zum Beispiel »Schwarze Augen«, oder »Liebe, Tanz und 1000 Schlager«, usw.

Als ich Sie bei der letzten Premiere endlich im Theater bemerkte – ich suchte längere Zeit vergeblich, weil ich mir einen blassen Mann vorstellte, mit verknittertem Gesicht, ausgehend von den letzten Zeilen Ihres Schreibens –, konnte ich zu meiner äußerst angenehmen Überraschung ein fröhliches, mit rosa Bäckchen versehenes Gesicht feststellen. Ich hatte einfach das Gefühl, daß Sie zu allen Schandtaten bereit sind. Wenn Sie weiterhin in dieser Verfassung bleiben, werde ich Ihnen Ariane Sommer auf den Hals jagen, denn sie hat meines Wissens keine Verbindung zu intellektuellen Persönlichkeiten. Wenn Sie jedoch eher Adelige bevorzugen, bin ich bereit, die Prinzessin Maya von Hohenzollern zu einem gemeinsamen Dinner einzuladen, damit Sie die Möglichkeit bekommen, Ihr nächstes Stück mit Ihren besonderen »Dialogen« aktivieren zu können.

Und wie immer darf ich Sie am Schluß mit einigen Bonmots – diesmal beruhen sie auf wahren Begebenheiten und sind aus dem Leben gegriffen – erfreuen:

1.) Der einzigartige Künstler George Grosz, der Mitte der dreißiger Jahre aus Deutschland emigrieren mußte, kehrt nun nach ca. zwanzig Jahren nach Berlin zurück. Auf einer Pressekonferenz fragen ihn die Journalisten: »Sehr geehrter Herr Grosz, Sie haben nun zwanzig Jahre in den USA verbracht – können Sie uns den Unterschied erklären zwischen einem Deutschen und einem Amerikaner?« Grosz überlegt einen Moment und antwortet dann: »Wenn ein Amerikaner Erfolg hat, so gratulieren ihm seine Familie, seine Freunde, Bekannte und Nachbarn und sonstigen Personen, die ihn kennen mit dem nachstehenden Satz: »Toll, wie er das gemacht hat.« Wenn einer in Deutschland Erfolg hat, denken die Familienmitglieder, die entfernten Verwandten, die Nachbarn und sonstigen Bekannten und Kollegen: »Toll, wie hat er das nur gemacht?«

2.) Stellen Sie sich vor was mir passierte, was wahrscheinlich jedem hier in diesem Lande passieren kann: Ich bin zu einer Party eingeladen, an der sehr viele Prominente Berlins teilnehmen sollten. Meine Frau suchte die hübscheste Versace-Krawatte aus und wünschte mir Glück für den Abend. Dort angelangt, sieht mich eine Kolumnistin der Gesellschaftsseite einer Zeitung, kommt auf mich zu und bewundert die Krawatte. »Das muß doch eine besonders teure Krawatte gewesen sein«, meinte sie zu mir. Meine Antwort erfolgte prompt: »Es ist tatsächlich ein teures Stück, aber nicht für mich, da ich am Ku'Damm gestern hundert Mark gefunden habe, und sofort in den nahegelegenen Laden ging und mir diese Krawatte kaufte, wobei ich noch ein paar Mark drauflegte.« Am nächsten Tag steht der Vorfall in der »BZ«. Soweit akzeptabel.

Aber, als ich einige Tage später von der Staatsanwaltschaft eine Aufforderung erhielt, mich zu melden, wußte ich nicht, was ich mit diesem Schreiben anfangen sollte. Und was erfuhr ich dort? Ein Polizist hat den Artikel in der »BZ« gelesen und mich wegen »Fundunterschlagung« angezeigt, da ich bei einem Fund neunzig Prozent an das Fundbüro abgeben müsse und nur zehn Prozent behalten dürfe. Ich war empört darüber, daß der Polizist und die Staatsanwaltschaft keine wichtigeren Aufgaben haben, als sich mit einer so plumpen Angelegenheit zu beschäftigen, aber andererseits mußte ich darüber schmunzeln; worauf man in Berlin und in diesem Leben vorbereitet sein muß! Das Fazit: Ich mußte einen Anwalt einschalten, der mich einige hundert Mark kostete und er hat mit Mühe und Not erreicht, daß das Verfahren eingestellt wird. Ist doch ein starkes Stück!!??

Damit beende ich mein heutiges Schreiben an Sie und verbleibe in Erwartung Ihrer nächsten Zeilen

mit den besten Wünschen

Ihr
Artur Brauner

Lieber Herr Brauner,

vielen Dank für Ihren Brief vom 2. des Monats. Als der große Umschlag, der den Brief enthielt, bei mir ankam, sind mir fast die Tränen gekommen. Sie haben ja drei Mark Porto für mich ausgegeben! Das möchte ich nicht. Wenn Sie sich schon meinetwegen die Nacht um die Ohren geschlagen haben, sollen Sie nicht auch noch – was Sie wahrscheinlich mehr trifft – finanziell geschädigt werden. Ich lege Ihnen DM 3,– in Briefmarken bei.

Was mir beim Lesen unserer Korrespondenz – ich blättere ab und zu darin – aufgefallen ist, ist die Tatsache, daß wir uns, obwohl wir uns fünfzig Jahre lang kennen, immer noch siezen. Das finde ich irgendwie wohltuend. Es liest sich fast wie die Briefe zwischen zwei Hochadligen im 19. Jahrhundert. Sie zeugen von gegenseitigem Respekt und Hochachtung. Deshalb würde ich mich auch über ein Dinner mit der Prinzessin Maya von Hohenzollern sehr freuen, und hoffe doch, daß mir bei ihren besonderen Dialogen nicht der Appetit vergehen wird.

Heute duzt sich ja alle Welt. Man wird vor allem von Leuten geduzt, die man gar nicht kennt und kennen will. Als ich vor zwei Jahren in der Reha-Klinik in Kladow war, saß ich eines mittags bei einem Capuccino, meine Gehhilfen hatte ich sorgfältig auf einem anderen Stuhl verstaut, da kam doch plötzlich eine Putzfrau, die gerade den Boden wischte und feststellte, daß ich ihr im Weg war, tippte mir auf die Schulter und sagte: »Na, Opa, kannste nicht mal an den anderen Tisch gehen?«

Der Arzt, dem ich das erzählte, hat sich darüber schrecklich aufgeregt, ob er allerdings der Putzfrau einen Verweis erteilt hat, möchte ich bezweifeln, denn neue Patienten bekommt man jeden Tag, neue Putzfrauen viel seltener.

Ich habe ihr natürlich auch geantwortet: »Erstens bin ich nicht ihr Opa und zweitens wäre ich sehr unglücklich, wenn ich so eine unerzogene und taktlose Enkelin hätte.« Sie hat das natürlich nicht ganz verstanden und entwischte mir, im wahrsten Sinn des Wortes, mit ihrem Schrubber.

144

Auch im Fernsehen werden bei Talkshows die Gäste meistens mit »du« angeredet. Ich hoffe aber, daß man das bei Ihnen nicht gemacht hat. Warum haben Sie mir nicht vorher geschrieben, daß Sie in Westdeutschland talken. Ich hätte es gern am Fernsehapparat miterlebt, wäre sogar extra länger aufgeblieben. Eben beim Schreiben fällt mir das Wort »Westdeutschland« auf. Komisch, das ist haften geblieben. Meine Mitarbeiterin hat mir übrigens neulich erzählt, daß sie nach Westdeutschland gefahren ist, obwohl sie nach Süddeutschland reiste. Irgendwie steckt die Mauerzeit immer noch in uns.

Sehr gut fand ich, daß Sie auf die Frage, wie groß Sie sind, geantwortet haben, daß Sie sich vor der Sendung nicht extra gemessen haben, da Sie nicht wußten, daß diese Frage aufkommen würde. Wozu auch? Was hat die Körpergröße mit Ihren Verdiensten um den deutschen Film zu tun? Es gibt doch einen Unterschied zwischen wirklicher und wahrer Größe.

Sie haben zugegeben, daß Sie wahrscheinlich ein bis zwei Zentimeter verloren haben. Das wird nicht ganz stimmen. Ich habe, wie ich immer wieder feststelle, wesentlich mehr verloren. Obwohl ich durch meine Hüftoperation rechts zwei Zentimeter größer geworden bin und deshalb die Sohlen meiner linken Schuhe immer zwei Zentimeter höher machen lassen mußte, es half nicht viel. Ich kann immer noch nicht an die oberste Schublade meines Schrankes kommen, die ich früher ohne Schwierigkeiten aufziehen konnte. Aber ich finde das Schrumpfen komprimiert auch. Man muß also darüber nicht deprimiert sein.

Von dem Prozeß gegen Erich Priebke hatten Sie mir geschrieben. Ich gratuliere Ihnen dazu. Daß aber Alfred Dregger die Initiative ergriffen hat, Priebke aus der Haft in Rom freizubekommen, hat mich entsetzt. Eigentlich müßte die CDU, eine christliche Partei, ihn nachträglich aus derselben ausschließen. Aber die CDU ist sowieso augenblicklich in einem ausgesprochen desolaten Zustand. Wenn man bedenkt, was der Vater der Einheit mit seiner Spendenaffäre seiner Partei geschadet hat, kann man eigentlich nur den Kopf schütteln.

Volker Rühe war kurz davor, Ministerpräsident in Schleswig-Holstein zu werden, wurde es aber nicht, weil die Partei in Verruf geraten war. Und nun stellt sich leider immer mehr heraus. Leisler Kiep tut auch sein möglichstes dazu. Und wenn man jetzt die Ge-

schichte der Berliner CDU verfolgt, hat man das Gefühl, die Berliner Geschichte sollte man mit einem Filzstift schreiben. Ich glaube nicht, daß die SPD anders ist, aber die sind immer in der Lage, mehr aufzudecken. Frank Steffel gehört bestimmt zu den Unbetroffenen, auch eine Gnade der späten Geburt. Ich halte ihn nicht für den richtigen Kandidaten, aber etwas anderes hat die Partei im Moment ja nicht vorzuweisen. Daß sie den Kurth nicht aufgestellt haben, ist merkwürdig. Es wäre der beste Mann gewesen, aber das ist anscheinend nicht genug.

Gestern habe ich wieder eine große Diskussion der Parteikandidaten bei der Maybrit Illner im Fernsehen miterleben können, und ich muß Ihnen sagen, es hat mich sehr deprimiert. Ich habe neulich einmal gesagt, es gibt in Deutschland drei Menschen mit dem größten Unterhaltungswert: Nr. 1 ist Regine Hildebrandt, Nr. 2 Marcel Reich-Ranicki und Nr. 3 Gregor Gysi. Thomas Gottschalk ist weit abgeschlagen, wenn er auch ein Familienmensch ist, er hat immerhin für seinen Bruder gesorgt.

Natürlich gratuliere ich Ihnen auch zum Gewinn Ihres Prozesses gegen die Zeitschrift »Focus«. Was dort über Maria geschrieben wurde – andere Zeitungen druckten es nach – hielt ich von Anfang an für von A bis Z erlogen. Daß Sie Herrn Markwort gewarnt haben und er Einzelheiten trotzdem veröffentlicht hat, fasse ich nicht. Als ich ihn einmal persönlich kennengelernt habe, fand ich ihn sehr sympathisch, vielleicht auch, weil er die von mir so geliebte und geschätzte Cornelia Herstatt, die als Journalistin plötzlich heimatlos wurde, beschäftigte.

Die kontinuierliche Ablehnung von Fördermitteln für Filme, die den Nationalsozialismus zum Thema haben, sieht wirklich sehr nach Absicht aus. Wenn der »Hitlerjunge Salomon« sogar den Golden Globe bekommen hat, dann hätte ich so gerne im Fernsehen miterlebt, wie Sie aufgerufen würden, und die paar Stufen zur Bühne hinaufgeschwebt wären, um den Oscar in Empfang zu nehmen. Er hätte Ihnen sehr gut gestanden. Sie sollten nicht nur über die Filmförderung klagen, Sie sollten wirklich Klage führen.

Über Kurt Hoffmann habe ich übrigens in einigen Zeitungen größere Artikel gelesen, aber natürlich können sich heute in unserer schnellebigen Zeit nur die Älteren an ihn erinnern. Wir wissen, was *er geleistet hat. Er war einer der wenigen Regisseure, die mit dem fertigen Drehbuch ins Atelier kamen und nichts mehr geändert haben. Er war immer gut vorbereitet und hat seine Autoren getriezt. Er wollte immer mehr Pointen haben. Günter Neumann hat mir einmal erzählt, daß in einem Drehbuch einer sagte: »Guten Abend!« Und Kurt Hoffmann fragte, ob man das nicht etwas witziger sagen könnte.*

Mit großer Freude habe ich gelesen, was Gustav Knuth, ein Schauspieler den ich liebte, über Sie geschrieben hat. Es wäre allerdings wirklich nicht nötig gewesen, mir den Inhalt von Hoffmanns »Ratten« zu erzählen. Ich habe den ganzen Gerhart Hauptmann zu Hause und nicht nur den Film, sondern drei verschiedene großartige Theaterabende dieses Stückes miterlebt.

Ich weiß nicht, was der Satz soll: Daß mich der Inhalt sicherlich interessieren wird, da ich zu der Zeit, als Sie die »Ratten« drehten, mit der Abfassung von Drehbüchern für die CCC-Film wie »Schwarze Augen« oder »Liebe, Tanz und 1000 Schlager« beschäftigt war. Zunächst einmal sind »Schwarze Augen« viel früher entstanden und zweitens habe ich das Drehbuch als Assistent von Bobby E. Lüthge geschrieben. Auf »Liebe, Tanz und 1000 Schlager« bin ich nicht unbedingt stolz. Ich habe den Film im Fernsehen erlebt und fand, daß »Liebe, Tanz und 7 Schlager« völlig genügt hätten. Diese andauernde Singerei hat mich völlig nervös gemacht. Wenn Sie mein Buch sorgfältig gelesen hätten, könnten Sie Näheres über meine Einstellung zu diesem Musikfilm erfahren. Das einzig erfreuliche an diesem Film war für mich, daß ich die Bekanntschaft zu Paul Martin gemacht habe, den ich sehr schätzte und bei dem ich in München wunderbar essen konnte. Ich kam nicht nur schweren Herzens wieder zurück nach Berlin. Martins Witwe habe ich übrigens vor ein paar Jahren in den Kammerspielen in Wien getroffen.

Und nun etwas ganz anderes. Neulich las ich, daß palästinensische Väter stolz auf ihre Jungs sind, die bei Selbstmordattentaten ums Leben kommen. Oh Gott, was muß in den Köpfen dieser Leute vorgehen. Man liebt doch seine Kinder. Ich habe oft von Eltern gelesen, die sich für ihre Kinder geopfert haben, erstens weil sie sie liebten, denn sie sind ja ein Stück von ihnen, und zweitens weil sie die Zukunft bedeuten. Nun ja, man kann manches eben nicht verstehen.

Jetzt vielleicht etwas Lustiges, ein Witz, den Sie bestimmt schon kennen:

Es trifft ein Mann seinen Freund, der es offensichtlich sehr eilig hat. » Wo willst du denn so schnell hin?«, fragt er ihn. Der antwortet: »Bronstein dirigiert heute!«, und das sagt er jedesmal wenn er ihn trifft. Bis der Mann ihn fragt: »Gehst du denn zu allen Konzerten von dem?« Sagt der andere: »Nein, aber wenn Bronstein dirigiert, schlafe ich mit seiner Frau.«

Über die Geschichte, die Ihnen nicht nur eine Krawatte, sondern auch eine Anzeige an den Hals gebracht hat, habe ich erst gelacht und dann wurde ich nachdenklich. Wie kann eine Kolumnistin sich mehr für den Preis, als für die Schönheit – nicht von Ihnen, sondern von Ihrer Krawatte – interessieren, und wieviel Humordefizit muß der Polizist besitzen, der Sie wegen Fundunterschlagung anzeigt. Ist sowas eigentlich typisch deutsch? Wenn ja, würde ich lieber auswandern. Da ich mich aber nicht so weit von Ihnen entfernen will, obwohl das Porto in ganz Europa das gleiche ist – um Sie zu schädigen, müßte ich schon nach Übersee gehen – bleibe ich lieber hier in Berlin und grüße Sie von Haus zu Haus, es sind ja höchstens neunhundert Meter Luftlinie. Ich grüße natürlich auch Maria und die ganze Familie herzlich und verbleibe

mit vielen Grüßen

Ihr
Curth Flatow

Berlin, den 30. Juli 2001

Lieber Herr Flatow,

ausgerechnet am Freitag, dem 13. (Juli) kommt bei Ihnen die großartige Idee auf, mir einen fünf Seiten langen Brief zu vermitteln! Ich habe mich sehr darüber gefreut, weil ich doch ansonsten Freitage, die das Datum des dreizehnten aufweisen, bisher als nicht besonders erfreuliche Tage eingestuft habe. Nun werde ich aber Dank Ihnen diesen Aberglauben beiseitelegen …

Ich darf mich ganz herzlich bedanken für die drei Briefmarken à DM 1,–. Mir fällt in diesem Zusammenhang ein, daß Sie ein viel begabterer Künstler sind, als Geschäftsmann. Andernfalls hätten Sie verstehen müssen, daß mir drei Marken à DM 1,10 lieber gewesen wären, denn diese hätte ich gleich verwenden können, während die von Ihnen tatsächlich vermittelten Marken sich nur bei einem Postversand verwenden lassen, der drei Mark kosten wird – und wann ein solcher relevant wird, kann ich heute noch nicht wissen. Außerdem haben Sie leider weder Romy Schneider noch Marlene Dietrich für mich ausgesucht, sondern Heinz Rühmann. Sie wissen doch schon lange, daß ich lesbisch bin, warum regen Sie mich mit alten Männern auf – auch wenn sie große Künstler waren und ebenso künstlerische Gagen bei mir erhielten?!

Auf ein Dinner mit der Prinzessin Maya von Hohenzollern können Sie sich echt freuen. Sie ist hübsch, kontaktfreudig, lustig und hat die Begabung, ohne Zeitbeschränkung zu reden, diskutieren oder attackieren …

Ihre negativen Erfahrungen mit der Reinemachefrau, die die Frechheit besaß, Sie mit »Opa« anzusprechen, habe ich in einem anderen Bereich und auf einer anderen Ebene im Reisebüro erlebt. Ich bin nicht sicher ob Sie wissen, daß nach Vollendung des fünfundsechzigsten Lebensjahres sowohl Bahntickets als auch Flüge zu ermäßigten Preisen zu erlangen sind, und so wurde ich gefragt, ob ich schon über fünfundsechzig Jahre alt sei! Das hat mich so geärgert, daß ich die Dame, die mich fragte, dann zurückfragte: »Sehe ich denn so aus???«, woraufhin sie meinte: »Nein, nein!« Dies hatte zur Konsequenz, daß ich als jüngerer Mann im besten Alter den vollen Preis für die Tickets zahlen mußte. Ob das nun zu mir paßt? Wahrscheinlich in der letzten Zeit schon …

Ihre Angaben über Ihre Größe, die nur einseitig zum Wirken kommt, kann ich nicht ganz nachvollziehen. Sie haben doch sicherlich das Geld auf der Bank liegen und nicht in der Schublade Ihres Schrankes? Sollten Sie jedoch unvollendete Theaterstücke archivieren, so muß ich es Ihnen überlassen, wie Sie agieren wollen.

Vom Selbstmord Hannelore Kohls war ich tief erschüttert – und Maria nicht weniger. Habe ich doch vor wenigen Wochen ein Schreiben von ihr erhalten, daß sie sich auf unsere Einladung freue und diese gerne annehme. Allerdings – so schrieb sie – wisse sie nicht genau, wann die Zusammenkunft stattfinden könne, denn sie fühle sich im Augenblick in Bezug auf ihre Gesundheit noch nicht so sicher, daß sie einen festen Termin nennen könne. Durch ihren Freitod hat sie den Termin aufgehoben …

So bleibt in diesem Zusammenhang nur die schöne Erinnerung an Sylvester des Jahres 1999, den wir zusammen mit ihrem Mann Helmut und unsererseits Maria und Alice mit ihrem Mann großartig gefeiert haben. Hannelore war glücklich, daß auf ihren Mann sehr viele Gäste zukamen, um ihn um Autogramme zu bitten und ihm Mut zu machen. Dies animierte sie zum Tanzen, ganz ausgelassen und alle Sorgen an diesem Abend vergessend.

Und auch als das Ehepaar Kohl einige Wochen später zu uns zum Dinner kam, gab es noch keine Anzeichen für ihre schwere, einzigartige Krankheit und folgende Depression. Es ist sehr, sehr schade um diese großartige Person, die so viel Charisma hatte, und so viel Gutes für andere Menschen tat.

Ich fuhr gestern am Wittenbergplatz vorbei und blieb einige Minuten stehen um den Supermarkt zu beobachten, der anstelle des ehemaligen russischen Nobelrestaurants Trojka jetzt seinen Platz dort einnimmt.

Eine vergangene Welt, verflossene Träume, und ein Hauch von Nostalgie! Die schönsten Abende unseres Lebens haben wir in diesem Restaurant verbracht. Wir waren jung, ich um die vierzig, meine Frau sieben Jahre jünger, umkreist von den bekanntesten Stars des In- und Auslands.

Das Restaurant faßte nur einige zwanzig Personen. Ein besonderer Tisch war für mich reserviert und dieser umfaßte ca. zwölf Personen, und so nahmen dann dort Platz – aber natürlich selten an einem Abend: Romy Schneider mit ihrem Mann Harry Meyen, Omar Sharif, der zu diesem Zeitpunkt den Film »Dschingis Khan« bei uns drehte, Christopher Lee, Gary Cooper, Maria Schell, Curd Jürgens, O. W. Fischer, Laurence Harvey, Gert Fröbe, Heinz Rühmann und viele, viele andere.

Für alle diejenigen Personen und Persönlichkeiten, die genug Gefühl besaßen, um eine elementare, von Musik und Gesang erfüllte Nacht bei einem erstklassigen russischen Dinner richtig zu empfinden, war ein solcher Abend ein unvergeßliches Ereignis. Regisseure wie Fritz Lang, Robert Siodmak, Gottfried Reinhardt oder auch William Dieterle haben sich einfach nach solchen Abenden gesehnt, denn diese stimulierten ihre Arbeit und sonstige Stimmung. Ich habe natürlich wesentlich dazu beigetragen, daß solche Abende zum Erfolg wurden, und nicht weniger meine Maria. Es wurde auf den Tischen getanzt zu Balalajka-Klängen, es wurde geweint, als der Geiger »Otschi Tchornie« oder »Chrysanthemen« spielte. Ausländische Produzenten oder Regisseure, die zu Verhandlungen nach Berlin kamen und von mir in dieses Restaurant eingeladen wurden, haben uns beneidet, daß wir in Berlin ein solches Etablissement aufweisen konnten. In L. A. oder London gab es etwas Ähnliches nicht. Und nun befindet sich dort ein Supermarkt …

Ich halte es für ungerecht, daß Sie als Autor des Films »Liebe, Tanz und 1000 Schlager« sich selbst ›reduzieren‹. Waren Sie denn nicht präsent, als die Welturaufführung in der Berliner Waldbühne, in der voll besetzten Waldbühne mit fünfundzwanzigtausend Besuchern, stattfand? Die Begeisterung des Publikums überstieg jede Grenze. Die Zuschauer haben getobt und hätten am liebsten Caterina Valente und Peter Alexander mit zu sich nach Hause genommen. Es ist ein sehr gelungener musikalischer Film, der sehr viel Publikum anzog und mir daher große Kasseneinnahmen bescherte. Allerdings hat der Gloria Filmverleih die wesentlichsten Einnahmen für sich kassiert. Nichtsdestoweniger sind sowohl die CCC-Film als auch die Gloria bei diesem Film mit einem satten Profit belohnt worden. Natürlich basierend auf der Tatsache, daß ich Caterina Valente und Peter Alexander zum ersten Mal als Liebespaar zusammengebracht habe und damit ihre Karriere eigentlich etablierte.

Heute las ich in der Zeitung, daß die deutsche Komödie »Der Schuh des Manitu« ein ganz großer Erfolg wurde. Obwohl es sich um eine Satire auf Karl May's »Winnetou« handelt. Und sofort kommen bei mir Assoziationen auf im Zusammenhang mit den von mir produzierten Filmen nach Karl May: »Durch's wilde Kurdistan«, »Im Reiche des silbernen Löwen«, die wir mit Spanien Mitte der

sechziger Jahre drehten. Ich habe einen Co-Vertrag mit einem spa-
nischen Partner abgeschlossen und dementsprechend einen Pau-
schalvertrag, verbunden mit festen Zahlungsraten, vereinbart. Einige
Wochen verlief die Produktion zufriedenstellend. Bis eines Tages
mein »Co-Partner« auf mich zukam und erklärte, er habe kein Geld
mehr, wir müßten neues Geld hineinpumpen. Unabhängig von dem
abgestimmten und abgeschlossenen Vertrag. Ich habe mich von je
her nie erpressen lassen. Auch diesmal blieb ich härter als der Spa-
nier, als ich ihm sagte: »Senior Balcazar, nicht mit mir!«

Ich ging ohne mich zu verabschieden, mit dem Ergebnis, daß am
nächsten Tag die Hälfte der Pferde fehlte. Ich stand also vor der Alternative, entweder nachzugeben oder standhaft zu bleiben. Die mir
nahestehenden Produktionsleiter haben mir dazu geraten, einen
Kompromiß zu schließen mit den Gangstern, um nicht die Fertigstellung des Films zu gefährden. Denn die Hauptdarsteller wie Lex
Barker, Ralf Wolter, Dieter Borsche, Chris Howland u. a. hatten
feste Anschlußtermine, die unabänderlich waren. Das Risiko war
also enorm groß, siebeneinhalb Millionen Mark zu verlieren. Ich
entschied mich jedoch für eine Alternative, die wahrscheinlich als
einmalig in der Geschichte des Films einzustufen ist: Insgesamt
standen ca. fünfundsiebzig Pferde zur Verfügung, davon die Hälfte
weiße und die andere Hälfte braune Tiere. Die weißfarbigen Pferde
wurden von unseren Helden geritten, während die dunklen von den
Gangstern geritten wurden. Normalerweise hätte die Kamera beide
Gruppen von links nach rechts und von rechts nach links erfassen
müssen, wie sie aufeinander zukommen, bis sie aufeinanderpral-
len. Und nachdem zuvor die gesamte Pferdezahl im Bild zu sehen
war, konnte jetzt nicht nur die Hälfte gezeigt werden. Und da kam
mir der geniale Gedanke, der die Situation letztendlich rettete: Ich
habe veranlaßt, daß die Gesamtzahl der Pferde, die bei ca. fünfunddreißig lag, einfarbig bemalt werden sollte. Einmal von braun
in weiß und das andere mal wieder von weiß in braun mit dem
Zweck, separat die einfarbige Pferdegruppe aufzunehmen und
gleichwohl die andere. Dies würde etwas mehr Zeit kosten, aber wir
könnten dadurch die Gefahr bannen. Man folgte also meiner Anweisung während zweier Tage, und davon bekam natürlich der spanische Gangster Wind. Er sah ein, daß er kein Glück mehr haben

würde mit seinen Erpressungsversuchen und versuchte einen Kompromiß zu erzielen, dem ich zustimmen konnte, weil er finanziell günstiger war, als sich weiterhin mit kampflustigen, aggressiven deutschen Produzenten herumzustreiten.

Nun bin ich wiederum angelangt bei meiner Verpflichtung, Ihnen einige Bonmots zu liefern als Äquivalent für Ihren »Bronstein-Witz«.

a) Willy fragt seinen Freund Dieter: »Sag mir doch, Du bist doch schon dreißig Jahre mit Deiner Frau verheiratet. Hast Du nie an Scheidung gedacht? Darauf Dieter: »An Scheidung nicht, aber an Mord«.

b) Ein sehr guter Witz, bei dem niemand in Deutschland lacht, dafür aber im Ausland jeder: Hitler erbittet bei Petrus einen Urlaub von vierundzwanzig Stunden. Er würde gerne die Welt jetzt nach so vielen Jahrzehnten seit seinem Ableben wiedersehen. Er bekommt auf Ehrenwort den Urlaub und begibt sich auf die Erde. Es sind keine fünf Stunden vergangen, als er wieder in den Himmel gelangt. Petrus fragt ihn: »Adolf, Du hast doch noch neunzehn Stunden frei, wieso bist Du schon zurückgekehrt?« Darauf Hitler: »In einer Welt, wo die Deutschen die besten Geschäftsleute und die Juden die besten Soldaten sind, habe ich nichts zu suchen.«

c) Ein sehr tiefsinniger Witz, hoffentlich verstehen Sie ihn: An einem Samstag darf ein religiöser jüdischer Mann keine Arbeit leisten, kein Geld bei sich tragen und auch sonst nichts Profanes vollziehen. Nun kommt ein Mann aus der Synagoge und versucht die Straße zu überqueren. Als er bei den Straßenbahngleisen angelangt ist, bemerkt er einhundert Mark. Das Geld aufheben darf er nicht, da am Sabbat verboten, liegen lassen möchte er es aber auch nicht, da es jammerschade wäre. In der Zwischenzeit kommt die Straßenbahn angefahren, der Schaffner läutet. Unser Mann beachtet ihn nicht. Der Schaffner kommt herunter, stellt sich in die Mitte der Gleise auf und sagt zu dem Juden: »Mann, sehen Sie nicht ein, daß Sie hier den Verkehr aufhalten, verschwinden Sie.« Der Mann schaut ihn verschmitzt an, dem Schaffner reißt die Geduld und er gibt ihm mit der Faust einen Schlag an die Stirn, worauf der Jude sämtliche

Sterne vor sich sieht, sich nach unten beugt, die hundert Mark nimmt und die Gleise verläßt. Hierzu muß gesagt werden, daß das Verbot, am Sabbat Geschäfte zu machen oder zu arbeiten bzw. Geld mit sich zu tragen, nur solange dauert, bis die ersten drei Sterne am Himmel erscheinen (Sabbat-Ausgang). Nun hat unser Mann durch den Schlag an die Schläfe schon mehr als drei Sterne zu sehen bekommen …

d) Jörg fragt Alexander: »Was mach' ich nun? Ich muß mich bewerben und weiß nicht, ob ich mich älter oder jünger machen soll.« Darauf der Freund: »Warum benutzt Du nicht Deinen richtigen Jahrgang?« Darauf Jörg: »Auf diese Idee bin ich nicht gekommen …«

Lieber Herr Flatow,
    ich bin mir nicht bewußt, wieviel ich Ihnen heute Nacht diktiert habe. Ich weiß aber mit Sicherheit, daß mich in den nächsten Stunden eine wichtige Neuigkeit absorbieren wird und hoffe, daß diese positiv ausfällt.
    Indem ich Ihnen wiederum alles Gute wünsche und natürlich auch Ihrer Frau und indem ich froh wäre, wenn ich ihr zusichern könnte, daß Sie nicht fremd gehen, verbleibe ich für heute
    mit herzlichen Grüßen

Ihr
Artur Brauner

Berlin, 3. August 2001

Lieber Herr Brauner,

um die leidige Geschichte mit den drei Briefmarken à DM 1,– aus der Welt zu schaffen, habe ich mich spontan dazu entschlossen, Ihnen heute zehn Marken à DM 1,– zu schicken, die Sie aber nur für eine Filmproduktion verwenden dürfen, die Sie vorher mit mir abgesprochen haben. Da es wahrscheinlich ein lustiger Film wer-

den soll, denn ernster durfte ich ja bei Ihnen nicht schreiben, nicht mal ernstere, habe ich bewußt Briefmarken mit dem Portrait von Grethe Weiser gewählt.

Die erzählte übrigens immer den Witz von der Kundin, die sich bei einer Marktfrau am Obststand erkundigte: »Sind das nun deutsche oder amerikanische Äpfel?« Daraufhin fragte die Marktfrau: »Madam, wollen Sie sie essen, oder sich mit ihnen unterhalten?« Der Witz ist alt, aber die Weiser ja auch schon lange tot. Genau wie die meisten Menschen, mit denen ich gearbeitet habe.

Als ich 1945 den künstlerischen Beruf ergreifen durfte, waren die Kollegen meistens schon prominent und daher entsprechend älter. Der einzige, der fast in meinem Alter ist, ist Helmut Zacharias, der lebt in einem Pflegeheim und weiß nicht mehr, daß er einmal meisterhaft Geige gespielt hat.

Das Alter macht einen einsam. Aber man kann auch manchmal darüber lächeln. Neulich sprengte ich unseren Rasen und da kamen zwei junge Leute, Bekannte von unserem Boris, unterhielten sich mit mir und meinten dann: »Sie sind doch bestimmt schon über Achtzig?« »Stimmt!« antwortete ich, aber es wäre mir viel lieber, wenn sie gesagt hätten, höchstens Sechzig.

Das tollste passierte mir neulich bei meinem Uhrmacher. Ich saß da und wartete darauf, daß der Meister meinem Zeitmesser eine neue Batterie einsetzt (was ihm übrigens nicht gelang). Eine Mittfünfzigerin trat ein, die, als der Uhrmacher mich mit meinem Namen anredete, ganz begeistert war. »Sie sind Herr Flatow? Curth Flatow?! Nein! Sie müssen doch schon mindestens an die Neunzig sein.« »Ich bin bereits Hundertfünf!« antwortete ich mit gedämpfter Stimme. »Aber das darf keiner wissen, denn sonst nimmt man mir noch den Führerschein weg, und dann kann ich nicht an der Rallye Paris-Dakar teilnehmen!«

Ehrlich gesagt, diese Antwort wäre nicht schlecht gewesen, aber erstens wäre die Dame bestimmt wütend abgerauscht und zweitens ist mir diese Antwort erst etwas später eingefallen. Die Franzosen nennen so etwas ›esprit d'escalier‹.

Ihnen fällt, was ich bewundere, etwas Passendes sofort ein und nun müssen Sie dafür zahlen, den vollen Preis. Das muß weh tun. Besser gesagt, es müßte weh tun, aber ich finde, Sie haben sich in letzter Zeit sehr geändert. Jedesmal wenn wir uns in einer Theaterpause am Büffet treffen, bestellen Sie ein Glas Wein oder vielmehr zwei für uns und bestehen darauf, daß Sie zahlen. Deshalb freue ich mich schon auf die nächste Premiere am Ku'damm, da komme ich doch endlich mal wieder zum Trinken. Am 31. August hat dort ein musikalisches Lustspiel Premiere, »Wie werde ich reich und glücklich« (das würde ich auch gern wissen), und die Musik ist von Mischa Spolianski, den ich nach '45 im Renaissance-Theater erleben durfte, Margo Lion sang Chansons und ich war begeistert.

Der Tod von Hannelore Kohl hat mich auch betroffen gemacht. Oft fällt mir der so herzliche, handgeschriebene Brief ein, den sie dem totkranken Hans Rosenthal ins Klinikum geschickt hat. Ich mußte ihn Hans vorlesen.

Wenn ich Ihren Brief so studiere, Herr Brauner, habe ich immer mehr das Gefühl, daß Sie mein Buch nicht richtig gelesen oder alles vergessen haben. Wenn Sie es einem Anderen, den Sie nicht leiden können, geschenkt haben sollten, laß' ich Ihnen gerne noch ein Exemplar zukommen. Sie brauchen das Buch diesmal nicht mit einem Kuß zu bezahlen, wie damals der Dame im Theater am Kurfürstendamm, sonst denken die Leute, wir sind nicht normal.

Aber die Normaluhr ist längst abgelaufen. Die heterosexuellen jungen Leute wollen nicht mehr heiraten, die Schwulen und Lesben stürmen die Standesämter. Gestern habe ich in der Zeitung ein Foto von zwei Lesben gesehen, die beide im Frack heirateten. So hoffe ich doch nicht, daß zwei Schwule etwa im Abendkleid zu der Zeremonie erscheinen. – Logisch wär's ja. Aber sie werden Anzüge tragen, und das ist auch gut so.

Neulich fand ich in einem Kästner-Buch folgendes Gedicht:

»Von mir aus schlaft euch selber bei!
Und schlaft mit Drossel, Fink und Star
und Brehms gesamter Vogelschar!
Mir ist es einerlei.
Nur schreit nicht dauernd wie am Spieß,
was ihr für tolle Kerle wärt!
Bloß weil ihr hintenrum verkehrt,
seid ihr noch nicht Genies!«

Kästner ist schon lange tot. Wenn er heute noch leben würde, hätte er sich sicher vorsichtiger ausgedrückt.

Was über Herrn Wussow und die Witwe Scholz andauernd in den Blättern zu lesen ist, und was wir uns dazu auch noch anschauen müssen ... Diese kopulierenden Strichgestalten. Muß das sein? Muß der Wussow immer eine Zeichnung machen, bevor er ... Weiß er nicht mehr, wie man so was macht? Soll er uns doch fragen.

Was der CDU-Bürgermeister-Kandidat in München von sich gegeben hat, ist auch, um es vorsichtig zu sagen, mehr als unvorsichtig. Daß München eigentlich unsere heimlich Hauptstadt ist, noch dazu der schönste Ort in Deutschland – Herr Steffel war wohl noch nie in Rothenburg o. d. Tauber – ist nur durch reichlichen Genuß von bayerischem Bier zu erklären. Eben lese ich, daß er nur alkoholfreies Bier getrunken hat, also hat er nicht mal eine Entschuldigung.

Sie schreiben mehrere Absätze über das russische Restaurant Troika, erzählen, mit wie vielen Leuten Sie dort waren und haben anscheinend völlig vergessen, daß Sie mich auch einmal mitgenommen haben. Ich war, ehrlich gesagt, hinterher ziemlich mitgenommen, besonders von der vielen Musik. Ich erinnere mich nur, daß Sie mitgesungen haben, aber leider nicht den Text der Lieder, sondern immer nur »dei, dei, dei«. So etwas treibt jedem Textdichter die Tränen in die Augen.

Und nun noch ein paar Witze, wer sie erfunden hat, weiß ich nicht. Ich finde, es ist sehr erfreulich, daß so etwas Menschen in unserer heutigen Zeit immer noch einfällt.

Übrigens, eins von Ihren »Bonmots« stand auch in einem Stück von mir, und zwar in »Das Geld liegt auf der Bank«. Da war der Schuldirektor entsetzt darüber, wie der große Verleger von seiner Ehe sprach. Er sagte: »Bei uns ist es ganz anders: Bis daß der Tod uns scheidet.« Meint der Verleger: »An Mord habe ich auch schon gedacht!« Soweit über ungewollte Plagiate.

Es ist nachmittag, siebzehn Uhr, ich sitze bei einem Glas Portwein und erinnere mich an zwei Witze, noch dazu jüdische:

Sally Fieldman wird zur Präsidentin der Vereinigten Staaten von Amerika gewählt. Bei der feierlichen Amtseinführung möchte sie natürlich ihre Mame dabei haben. Sie ruft in New York an und bit-

tet sie: »Mame, du mußt unbedingt kommen.« Die alte Frau Fieldman antwortet: »Meidele, es ist alles viel zu umständlich, allein der weite Weg nach Washington …« Darauf die zukünftige Präsidentin: »Das ist doch kein Problem, Mame, ich schicke dir die Airforce number one.« »Nun gut«, meint die Mame, »aber wie komme ich weg vom Flugplatz.« »In meiner gepanzerten Limousine« sagt die zukünftige Präsidentin. »Nun gut, meint die Mame, aber was soll ich anziehen?« »Mutter, komm her und wir gehen einkaufen, und du bekommst ein Kleid von Gucci, oder von Dior.« Und nun sitzt die Mame bei den Feierlichkeiten in der ersten Reihe, neben ihr der zukünftige Außenminister. »Na, was sagen Sie denn zu Ihrer Tochter?« fragt er lächelnd, »sind Sie nicht stolz?« »Nu ja,« meint die Mame und schüttelt den Kopf. »Aber da müßten sie erst einmal ihren Bruder kennenlernen, der is a Doctor!«

Der Kaiser von Japan sucht einen neuen Samurai. Es stellen sich drei Bewerber vor, ein Chinese, ein Japaner und ein Jude. Sie sollen eine Probe ihres Könnens abgeben. Der Chinese beginnt. Er öffnet ein kleines Kästchen aus dem eine Fliege kommt. Sie schwirrt herum, der Chinese nimmt sein Schwert, fuchtelt einmal durch die Luft und die Fliege landet in zwei Teilen auf dem Teppich. »Nicht schlecht«, findet der Kaiser. Der Japaner tritt vor. Auch er macht ein Kästchen auf, aus dem wieder eine Fliege entweicht. Er fuchtelt mit seinem Schwert ein paarmal durch die Luft und die Fliege fällt viergeteilt herunter. Der Kaiser ist sichtlich beeindruckt und meint: »Nun, Jude, wie willst du das übertreffen?« »Nichts leichter als das!« sagt der, öffnet ebenfalls ein Kästchen, eine Fliege entweicht, der jüdische Samurai zückt sein Schwert und fährt damit einmal durch die Luft. Die Fliege schwirrt weiter herum. Der Kaiser ist enttäuscht: »Die lebt ja noch!« »Ja!« antwortet der Jude, »… aber beschnitten!«

Das wären meine Witze. Nun würde ich Ihnen gerne noch ein Buch empfehlen, aber Sie lesen ja wahrscheinlich nur Drehbücher. Sonst weise ich auf eine Buchreihe hin, Kriminalromane von Faye Kellerman. Sie spielen im jüdischen Milieu in Amerika und sind nicht nur spannend, sondern haben auch sehr viel Herz.

Um zum Schluß noch einmal auf die Prinzessin Maya von Hohenzollern zurückzukommen, kann ich nur sagen, Sie haben mir direkt

Appetit auf sie gemacht. Ich mag hübsche Frauen, die viel reden.
Man kann so schön beredt schweigend zuhören und seine Stimme
schonen.

So, das wär's für heute. Ich hoffe, daß Ihre Familie gesund ist und
Sie mir immer noch gesonnen.

Mit herzlichen Grüßen

Ihr
Curth Flatow

Berlin, den 22. August 2001

Lieber Herr Flatow,

So leid es mir tut, auch wenn es mit finanziellen Schäden Ihrerseits verbunden ist, die Verhandlungen mit den zehn Marken à DM 1,– haben wieder keinen Bestand! Wenn ich einen normalen Brief abzusenden beabsichtige, brauche ich doch DM 1,10. Nach Ihrer überlegten Handhabung müßte ich also zwei Marken à DM 1,– verwenden, um den Brief sicher zum Empfänger bringen zu lassen. Oder ich muß ein kleines Schreiben – passend in einen kleinen Umschlag für DM 1,10 – in einen großen Umschlag legen und drei Marken à DM 1,– aufkleben, um die Genugtuung zu haben, daß ich nicht DM 0,90 zu viel aufgeklebt habe. Wie Sie daraus ersehen können, machen Sie es mir nicht einfach …

So kommt mir gleich ein Bonmot – ausnahmsweise am Anfang, aber in diesem Zusammenhang – in Erinnerung, wonach in Tel Aviv der Tischlermeister Jacob seinen Freund, den Kürschner Chaim, trifft. Dieser hält einen Hund auf dem Arm. Jacob stellt ihm die Frage: »Lieber Chaim, seit wann trägst du Hunde herum? Ich würde ihn nicht einmal in mein Haus hinein lassen.« Darauf Chaim: »Du hast doch keine Ahnung von Tieren – der Hund ist fünfhundert Dollar wert!« Jacob lacht laut auf: »He, He, fünfhundert Dollar für diese miese Kreatur? Du wirst nicht einmal dreißig Dollar für ihn bekommen.« Chaim verabschiedet sich und meint: »Wir werden

159

schon sehen, wer recht behält.« Einige Tage später treffen sich beide wieder. Jacob ironisch zu Chaim: »Du bist deinen Hund losgeworden? Bist wahrscheinlich reich geworden mit fünfhundert Dollar?« Chaim schaut ihn siegessicher an und sagt. »Jawohl, ich habe fünfhundert Dollar für den Hund bekommen!« Jacob staunt. »Das halte ich nicht für möglich, das ist doch absolut überzogen.« Chaim daraufhin: »Doch, ich habe gestern den Hund in zwei Katzen, die mit je zweihundertfünfzig Dollar dotiert waren, eingetauscht.« (Hat das was mit den Briefmarken gemeinsam?)

Das Bonmot mit der Weiser ist gut, das hätte von mir sein können …

Sie dürfen sich über Ihr Alter nicht beklagen. Sie sind der ›Junge‹ geblieben! Sie haben Probleme mit den beiden jungen Leuten, die sie auf über Achtzig schätzen, und ich wurde eigenartigerweise mit dem Gegenteil konfrontiert, was mich aber viele Nerven gekostet hat und Zeitverlust, aber letztendlich kam eine gewisse Genugtuung hinzu.

Die Geschichte ist ganz einfach: Ich war auf dem Flughafen in Minsk, um dort den Feinschnitt für den Film »Lara/Tödliche Eifersucht« zu vollziehen. Bei der Kontrolle sitzt eine Weißrussin, ungefähr achtundzwanzig bis dreißig Jahre alt, sieht auf meinen Paß und schaut mich an. Wieder in den Paß, und dann auf mich, dann ein längerer Blick auf mich, wieder ein längerer Blick auf den Paß. Sie verläßt die kleine Kontrollbude – und zwar so lange, bis die anderen Reisenden bereits die weiteren Kontrollstellen passierten. Ich stand also als einziger da und wußte nicht, was ich denken sollte. In den Zeiten der Sowjetunion und der DDR hätte ich schon Angst bekommen, daß man mir irgendein »Vergehen oder Verbrechen« anhängen würde. Heutzutage sollte man doch weniger daran denken müssen. Aber ich begann nachzudenken, da bereits rund fünfunddreißig Minuten vergangen waren und sie nicht zurückkam.

Letztendlich kam sie mit einem Grenzoffizier, ca. fünfunddreißig Jahre alt, der meinen Paß in der Hand hatte, und erklärte mir: »Wir müssen uns entschuldigen, daß es doch eine gewisse Zeit gedauert hat.« »Ja«, fragte ich, »wofür haben sie so lange gebraucht? Alle anderen sind doch schon längst durch.« »Meiner Kollegin kam der Verdacht auf, daß es nicht ihr Paß ist.« Ich war mehr als erstaunt und sagte: »Warum soll das denn nicht mein Paß sein, ich werde doch nicht mit einem fremden Paß nach Weißrußland reisen, um dafür verhaftet zu werden!« »Doch, es gibt solche Fälle, auch unter Deutschen. Sie meinte, daß es nicht glaubhaft wäre, daß sie zweiundachtzig Jahre alt sein sollen. Sie arbeitet bereits seit vier Jahren bei uns im Grenzschutz und hat bisher einen solchen Unterschied zwischen der Altersangabe im Paß und dem Äußeren des Paßinhabers nicht erlebt.« Der Offizier fuhr fort: »Wir haben den Paß prüfen lassen, auch chemisch, und konnten feststellen, daß er echt ist.« Nun werden sie verstehen, was ich mit »Ärger, Zeitverlust und gleichzeitiger Genugtuung« meinte.

Ich bin nun bei einem Punkt, den ich Ihnen vor der Premiere am 31. August beantworten muß, um Ihnen keine Hoffnungen zu machen: Sie klären mich auf, daß sie sich schon freuen auf die zwei Glas Wein, die ich Ihnen kontinuierlich bei jeder Premiere anbiete (und dafür auch bezahle). Es handelt sich zwar nicht um hohe Beträge, aber diesmal muß ich sie enttäuschen. Denn die Aktien sind so drastisch gefallen, daß heute jeder Pfennig bei mir eine Rolle spielt. Es sind immerhin zweitausend Pfennige, die aufzuwenden wären. Ich überlege mir auch, ob ich die Premiere überhaupt besuchen soll, nachdem diese Verpflichtung für mich besteht, die ich nur mit großer Mühe bewerkstelligen kann. Wenn Sie mich also bei der Premiere von »Wie werde ich reich und glücklich?« nicht antreffen – wobei mich die Idee schon interessiert –, habe ich Ihnen die Ursache dafür bereits vermittelt.

Natürlich habe ich Ihr Buch gelesen, anderenfalls wäre ich doch geistig nicht auf der Höhe, die ich zu präsentieren meine. Die Mischung von Humor, Ernst und ebenso die wichtigen Informationen als Zcitzeuge haben den Wert des Buches entsprechend etabliert. Übrigens, Sie schienen ironisch zu sein, indem sie mir den Gedanken suggerierten, das Buch an jemanden zu verschenken, den ich nicht leiden kann; dazu darf ich Ihnen sagen, solche extremen Feinde habe ich nicht. Ich verstehe nicht, warum Sie sich über zwei Lesben, die im Frack heirateten, erhitzen. Ich bin auch lesbisch, und wenn es sein müßte, würde ich genauso einen Frack anziehen.

Ich habe tatsächlich vergessen, daß ich Sie seinerzeit ins Trojka eingeladen habe. Es liegt vielleicht daran, daß ich ausgesprochen lesbisch bin. Die Worte »dei, dei, dei« haben nur diejenigen Gäste gesungen, die den richtigen Text nicht kannten. Dazu gehörte auch der verstorbene Harry Meyen (Mayen?) – der Ehemann von Romy Schneider, der später Selbstmord beging, ebenso wie der Regisseur Robert Siodmak und unser guter Freund, der Verleger und Schriftsteller Georg Marton aus Budapest/Hollywood. Omar Sharif hat jedoch schnell die Texte gelernt und mitgemacht, was kein Wunder ist, da er von sechsunddreißig Tagen – nach meiner Erinnerung –, die er hier bei mir im Film »Dschingis Khan« drehte, rund dreißig Nächte im Trojka verbracht haben soll.

An diesem Wochenende habe ich große Teile des soeben abgedrehten Films »Babij Jar« gesehen. Meine Gefühle und meinen inneren seelischen Zustand kann ich Ihnen nicht beschreiben, jedoch ohne Scham offenbaren, daß ich wie ein kleines Kind geweint habe, obwohl ich doch den ganzen Film gestaltet habe, mir jede Person bekannt war und jedes Handlungselement nahe. Trotzdem sind die Szenen unbeschreiblich! Besonders die letzten zehn Minuten dieses Films.

Wenn es nach diesem Film noch alte oder neue Nazis geben sollte, so müßte man nachdenken, ob es sich überhaupt gelohnt hat, zu überleben. Es wäre eine ausgesprochene Zustimmung zum infernalischsten Massaker in der Geschichte der Menschheit.

Warum denke ich gerade jetzt bei diesen Zeilen an die arme Maria Schell, die irgendwo in Österreich im Gebirge ihr Lebensende auf solch tragische Weise verbringen muß? Warum mußte sie, die dem Publikum weltweit so viel Interessantes an Schauspieltalent geboten hat, einen solch schrecklichen Lebensabend haben? Wie grandios war sie in unserem Film »Die Ratten« oder in »Rose Bernd«. Und die Fotos von Maximilian Schell, die ich heute im »Blickpunkt Film« gesehen habe, geben keinen Anlaß zur Freude. Er ist sehr gealtert und nicht bei bester Gesundheit. Auch ein Genie als Schauspieler und ein sehr interessanter Regisseur. Was ist aus dieser Familie Schell geworden? Keine Gnade Gottes?

Und in der Zeitung las ich heute, daß der Gesundheitszustand von Harald Juhnke sehr schlecht sein soll. Ich habe auch vertraulich in der letzten Woche vernehmen müssen, daß er geistig nicht mehr auf der Höhe sei. Das ist auch eine Tragödie gleichen Ausmaßes.

Wie froh können wir sein, daß wir unsere Frauen haben, die sich so herzlich um uns bemühen und jegliche Schritte unternehmen, uns bei guter Gesundheit zu erhalten. Bei meiner Maria habe ich beinahe das Gefühl, daß sie mich noch länger bei sich haben möchte. Ist doch eigenartig? In einem Kreis von Vorstandsmitgliedern einer bekannten Bank nebst Ehefrauen entstand eine Diskussion über die Beziehungen von Eheleuten miteinander und zueinander. Es gab verschiedene Meinungen, und da der Wein, den ich geboten habe, nicht schlecht war – es gab noch Zeiten, wo das Geld keine Rolle spielte –, kamen manch interne Einzelheiten der verschiedenem Ehen an die Oberfläche, die schon den Anfang eines Films nach den Intentionen eines Ingmar Bergman bieten könnten. Dann wurde Maria gefragt, wie denn nun ihre Beziehung zu mir wäre. Und sie gab folgende Antwort. »Ich möchte nicht einen Tag länger leben als mein Mann!« Sie hätten, lieber Curth Flatow, die Gesichter der Männer und Frauen nach diesem Satz anschauen sollen. Die Männer blickten ihre Frauen an und die Frauen unsicher ihre Männer. Es war klar, daß nicht eine einzige Frau willens und in der Lage gewesen wäre, eine solche Erklärung von sich zu geben.

Es ist bereits in der Nacht vom Sonntag zum Montag und schon wieder gegen vier Uhr zwanzig, und ich nehme mir noch die Zeit von zehn bis fünfzehn Minuten, um Sie jetzt mit den letzten Zeilen in diesem Schreiben überraschen:

Nachdem ich die Stories zu achtunddreißig Filmen erfunden habe, von denen ein großer Teil auch produziert wurde, und mich vor einigen Jahren als Sänger in der Bar jeder Vernunft im Spiegelzelt versuchte – und dies mit unerwartetem Erfolg –, habe ich mich nun als Schauspieler betätigt (nachdem ich festgestellt habe, daß ich für die Finanzen kein richtiges Gespür habe). Warum ich das tat? Notgedrungen, nachdem sich folgendes Drama abspielte:

Für den Film »Kasachstanlady« mit Tanja Szewzenko, Daniel Fehlow und anderen jungen Schauspielern, gab es nur eine Rolle gehobeneren Alters, nämlich die des Musikproduzenten Timmy Knopf. Für diesen Part wurde Karl Dall von mir engagiert. Die Gage war vernünftig, der Flug normal, die Vorbereitungen für den nächsten Tag, an dem die Dreharbeiten stattfinden sollten, verliefen ordnungsgemäß. Aber Herr Dall ging am Abend seiner Ankunft in ein Restaurant und bestellte einen Teller Meeresfrüchte, die ihm nicht bekamen – oder die ihn nicht mochten, wie man es auslegen will. Jedenfalls bekam er Krämpfe in der Nacht und befürchtete das Allerschlimmste. Er geriet in Panik, beschloß, nicht zu den Dreharbeiten zu erscheinen und auch keinen Arzt in Minsk aufzusuchen, sondern schon um sieben Uhr morgens nach Hamburg zurückzufliegen (wahrscheinlich hätte ich genauso wie er gehandelt). Die Produktion blieb also stehen ohne Darsteller. Nach einem S. O. S.-Fax an uns nahmen wir sofort Verbindung mit allen möglichen Agenten auf und mußten zu unserem Bedauern feststellen, daß es keinen adäquaten Darsteller für die Rolle gab – entweder war keiner so kurzfristig disponibel, oder er paßte einfach nicht. So rief mich mein Bruder, der zusammen mit dem Regisseur die Herstellungsleitung innehatte, an und bat mich, ich solle die Rolle übernehmen.

Natürlich habe ich das Angebot, einen Musikproduzenten zu spielen und somit zu schauspielern, abgelehnt. Aber mein Bruder erinnerte mich daran, daß ich vor ca. zehn Jahren als Filmproduzent in einem »Special« über Maria Schell mitgewirkt habe, und tatsächlich auch – wie es schien – nicht schlecht. Warum also nicht hier als Musikproduzent fungieren? Ich habe denen aber den Unterschied konkret erklärt: Ein Musikproduzent verdient Geld, ein Filmproduzent verliert es. Es sollte daher ein weiterer Versuch unternommen werden, einen Ersatz für Dall zu finden. Es wurde jedoch keiner gefunden, und so wurde ich nolens volens gezwungen, nach Minsk zu fliegen, um bereits zwei Stunden nach Ankunft vor die Kamera zu treten. Ich war nicht ausgeschlafen, nicht vorbereitet, aber mit dem Bewußtsein, daß, sofern ich die Rolle bewältigte, es bei drei bis vier Tagen doch immerhin ein fünfstelliger Betrag wäre, den ich dann – zwar nicht verdiene, aber zumindest einsparen könne.

In aller Bescheidenheit darf ich Ihnen hiermit erklären, daß der Regisseur nicht veranlaßt war, mehr als einmal mit mir zu drehen, während er bei den anderen Schauspielern die Szenen zwischen zwei- und sechsmal wiederholen mußte. Er war zufrieden, ich eher nicht, weil ich mit meinem Aussehen nicht glücklich war.

Die Quintessenz von allem? Der Film wurde der ARD vorgeführt, fand Gefallen und wird nun zu Weihnachten ausgestrahlt, aber unter dem Titel »Weihnachten – nur für dich«, mit mir als einem der wichtigsten Darsteller, der auch singt und tanzt.

Wenn sie also in der Programmzeitung im Dezember die Ausstrahlung entdecken und mir noch immer gut gesonnen sind, obwohl ich Ihnen doch enorm viel an Ihrer kostbaren Zeit durch meine Sätze – oder besser gesagt, Umsätze in Zeilen – absorbiert habe, würde ich mich freuen, wenn Sie sich den Film anschauen, um festzustellen, was im Leben doch alles möglich werden kann. Und sofern ich Ihnen richtig gefalle, so bin ich so penetrant, Sie zu bitten, darüber nachzudenken, ob Sie mir, nachdem es keinen Rudolf Platte und Georg Thomalla mehr gibt, eine der Hauptrollen in einem Ihrer nächsten Theaterstücke beschaffen können.

So endet mein heutiges Schreiben an Sie. Ich wünsche Ihnen alles erdenklich Gute und verbleibe

Mit den besten Grüßen

Ihr
Arthur Brauner

Berlin, 27. August 2001

Lieber Herr Brauner,

sehr traurig bin ich darüber, daß Sie mich in Ihrem lezten Brief (mit Absicht?) mißverstanden haben. Der Gegenwert der Ihnen (per Brief, per Fax geht es ja leider nicht) übersandten zehn Briefmarken à DM 1,– beträgt genau DM 10,– und sollte für eine Filmproduktion verwendet werden. Nun gibt es zwei Möglichkeiten. Die erstere ist die unwahrscheinlichere: Sie planen keine Neuproduktion, in dem Fall bitte ich um Rücküberweisung, die zweite ist, wie ich Sie kenne, wahrscheinlicher, Sie haben Ihre Neuproduktion schon voll finanziert.

Gleich zu Anfang, damit die Schamröte aus meinem Gesicht weicht, die ältesten Witze die ich kenne:

Kommt einer in ein Eisenwarengeschäft und fragt: »Haben Sie

Nägel?« »Ja!« sagt der Verkäufer. Darauf der Kunde: »Dann kratzen Sie mich!«

Kommt ein Kunde in die Buchhandlung und erkundigt sich, ob man dort Goethes gesammelte Werke hätte. Der Verkäufer nickt und fragt: »Welche Ausgabe?« Darauf der Kunde: »Da haben Sie auch wieder recht!« und verläßt den Laden.

Den ersten Witz hat mir übrigens mein Vater erzählt, als ich etwa vier Jahre alt war, und damals war er auch nicht mehr neu.

So, nun aber Schluß mit lustig.

Lange verbreiteten Sie sich in Ihrem letzten Brief darüber, für wieviel jünger Sie allerorten gehalten werden. Wenn das so weiter geht, werden Sie bald ein zweites Mal Ihre Bar Mitzwa feiern müssen.

Ich habe Sie übrigens auch imer für jünger gehalten und bin der festen Ansicht, daß man auch nach Ihrem neunzigsten Geburtstag sagt: »Der Brauner sieht höchstens aus wie ein Endachtziger!«

Sehr traurig bin ich darüber, daß Sie, weil Ihre Aktien gefallen sind, nun nicht mehr genug Geld besitzen, um uns bei den drei nächsten Premieren, es sind ja – was besonders schwer ins Geld geht – zwei am Kurfürstendamm und die andere im Hansa-Theater, keinen Wein ausgeben können. Ich habe mich ganz spontan entschlossen (eben am Schreitisch), Sie und Ihre Familie einzuladen. Das wird ungefähr viertausend Pfennige kosten. Auf meinem Schreibtisch liegt ein mit Pfennigen gefülltes Ledersäckchen, ein sehr schweres Stück, das mir jemand zum Geburtstag oder zur Selbstverteidigung geschenkt hat. Wir werden also in der Pause etwas trinken, dann zücke ich mein Portemonaie und zähle viertausend Pfennige nacheinander auf den Tresen. Ich hoffe, daß ich damit fertig bin, bis Sie den Zuschauerraum verlassen und mir erzählen können, was im zweiten Teil des Stückes passiert ist. Ist das ein Angebot?!

Es könnte natürlich sein, daß ich, bei zweitausendeins Pfennigen angelangt, von dem Büffetfräulein mit einem Korkenzieher erstochen werde. Dann liegt ein blutiger Anfänger in Geldangelegenheiten vor Ihnen.

Sie setzen sich in Ihrem letzten Brief nicht nur mit Ihrem immer für ›Jünger-gehalten-werden‹ auseinander, sondern auch mit dem Altern einiger Schauspieler. Natürlich ist es traurig, daß die herrliche Maria Schell, die nicht nur bei Ihnen »Die Ratten« gespielt hat, sondern auch in Hollywood mit Yul Brunner drehte, jetzt alt ist und, wie man sich erzählt, ziemlich allein lebt. Das tut mir auch leid, denn ich habe sie immer verehrt. Auch ihren Bruder, Maximilian Schell, den ich nicht nur als Filmstar in bester Erinnerung habe, sondern auch als Bühnenschauspieler. Wenn ich mich nicht irre, hieß das Stück, in dem wir ihn im Renaissance-Theater bewundern durften, »Arme Mörder« und war von Pavel Kohout. Er war grandios. Und ich habe ihn auch bei der Party zum neunzigsten Geburtstag von Heinz Rühman daraufhin angesprochen. Man soll immer sagen oder schreiben, wenn einem mal etwas gefällt und nicht nur schimpfen, wenn einem etwas mißfällt, wie man es so gerne tut.

Übrigens freue ich mich darüber, daß Sie in Ihrem Film »Kasachstanlady« in kürzester Zeit eine führende Rolle übernommen haben, und ich hoffe doch, daß es dem Film nicht schaden wird. Hauptsache der Regisseur war zufrieden. Wir werden der Ausstrahlung vor dem Fernseher beiwohnen und anschließend sofort mit Ihnen telefonieren. Bitte erschrecken Sie nicht, wenn das Telefon klingelt. Besser wäre natürlich, wenn sie das Datum und die Stunde allen Freunden mittels einer Postwurfsendung bekanntgeben würden. Das erinnert mich an Günter Schwenn, der das einige Male gemacht hat, wenn irgendetwas von ihm zu hören oder zu sehen war. Auch ich ertappe mich manchmal dabei, daß ich den Leuten, die es vielleicht gar nicht wissen wollen, erzähle, wann und wo Aufführungen von mir stattfinden und erwecke nur Neid dabei. Aber das sind alles schon Alterserscheinungen.

Ich blicke meinen späteren Jahren nicht nur gefaßt, sondern auch auf alles gefaßt entgegen. Die Rede zu meiner Trauerfeier habe ich vorsichtshalber schon geschrieben. Die Beerdigugskosten sind heute so hoch, daß man direkt gezwungen ist weiterzuleben. Und da heißt es immer: Umsonst ist der Tod.

Am Sonntag hatte meine Frau Geburtstag, und ich ging mit meiner Schiegertochter zur Wiener Konditorei, um die Torte zu bestellen. Ich habe sie dann noch zu einem Eis mit Früchten eingeladen, und Sie können sich gar nicht vorstellen, wieviel neidische Blicke, besonders von älteren Heren, mich trafen. Nun sah sie auch entzückend aus und ich noch ziemlich rüstig. Also schloß man viele *falsche Schlüsse, oder besser gesagt nur einen: Jetzt hat sich der alte Knacker schon wieder eine Junge angeschafft.*

Aber bevor ich jetzt zum Schluß komme, möchte ich noch eine Frage aufwerfen, die mich seit Beginn unserer Korrespondenz quält: Sie diktieren Briefe immer zu später Nacht- oder früher Morgenstunde, so daß ich mir immer wieder überlege, was macht der Brauner eigentlich tagsüber? Ich nehme an, daß Sie tagsüber genauso beschäftigt sind wie ich, der ich mich jetzt an das Pausenbild meines fünfundzwanzigsten Stückes mache.

Ich hoffe, Sie und Ihre Familie bei bester Gesundheit wiederzusehen, Ihnen in die Augen zu blicken, um voller Neid festzustellen, der Brauner trägt immer noch keine Brille.

Eben erfahre ich vom Verlag, daß wir uns in wenigen Tagen sehen, und so etwas ist doch viel persönlicher als ein Briefwechsel.

Herzlichst

Ihr
Curth Flatow

Berlin, den 29. August 2001

Lieber Herr Flatow,

Ich komme nicht umhin, Ihnen Ihr Schreiben vom 27. August umgehend zu beantworten, nachdem ich von Ihnen vernommen habe, daß Sie in letzter Zeit oft müde werden und sich schonen müssen. Ich glaube, daß Ihre Müdigkeit keine gesundheitlichen Ursachen hat, sondern vielmehr darin begründet liegt, daß

– Sie keine Witze mehr auf Lager haben. Sie haben ja selber zugegeben, daß Sie die ältesten Witze des 20. Jahrhunderts benutzen.

– Desweiteren ist es Ihnen zu schade, bei weiterer Korrespondenz mit mir Briefmarken zur Verfügung stellen zu müssen.

Ich kann Sie natürlich nicht mehr beeinflussen, denn Sie befinden sich in einem Alter, wo Sie Ihre Beständigkeit bereits bewiesen haben, Ihren Geist voll entwickelten und an den Jahren hadern.

Aber dies zu Unrecht. Denn gerade gestern habe ich in der »Bild«-Zeitung gelesen – ich brauche nicht zu betonen, daß sämtliche in dieser Zeitung verbreiteten Nachrichten genau recherchiert wurden und nur auf der Wahrheit beruhen –, daß Wissenschaftler nun das uns alle schädigende Gen, das zum Älterwerden beiträgt, ausfindig gemacht haben. Nur eine ganz kleine Abweichung von Chromosom 4 führt dazu, daß man zwanzig Jahre länger leben kann und sicherlich noch länger (besonders, wenn man kontinuierlich Tantiemen bekommt).

Nur dieser Nachricht wegen wollte ich Sie ermuntern und dazu stimulieren, weiterhin Ihre Nächte unruhig zu gestalten und mein Gewissen anzustacheln, denn Sie kennen ja mein Verantwortungsbewußtsein, und das bedeutet, daß ich Ihre Schreiben an mich nicht verschwinden lassen kann …

Dies könnte Ihnen so passen:

Daß man bei meinem neunzigsten Geburtstag erklärt, ich sähe aus wie ein Endachtziger! Haben Sie die »BZ« der letzten Woche gelesen? Große Schlagzeile:

»KING KONG BRAUNER STIEHLT ALLEN DIE SHOW!«

Und warum? Weil ich ein (leichtes) Mädchen auf meine Arme nahm und mit ihr herumwirbelte. Von den Anwesenden wurde dies wie eine Heldentat aufgefaßt, dabei habe ich schon als Jugendlicher gleiches exerziert, indem ich Tarzan im Dschungel spielte und das junge Mädchen vor Gorillas beschützte.

Dies bringt mich auf den Gedanken, daß ich vor einigen Tagen die Premiere von »Planet der Affen« erlebte mit dem Resultat, daß ich geknickt aus dem Kino ›heraushumpelte‹. Eine solche Kunst an Maskerade hat die Welt noch nicht erlebt. Die Arbeit der Maskenbildner, die die Schauspieler zu Affen machen, beinhaltet die größte Kunst, finde ich. Durch die Affenmasken sind die Hauptprotagonisten aber nicht ›menschlich‹ geworden, denn sie töten so wie die Menschen in ihrer Umgebung – also komplett angepaßt.

Ich habe einige Male mit Maria telephoniert. Sie ist bekanntlich im Sommer in Jesolo und dieses Jahr zum ersten Mal ohne mich. Hoffentlich erkenne ich sie noch. Sie meinte, daß Sie eine viel zu bekannte Persönlichkeit in Berlin seien, infolgedessen kann ich es mir nicht erlauben, die zweitausend Pfennige – auch in der heutigen, kritischen

Zeit – zu sparen. Man muß Rücksicht nehmen auf die Society in Berlin, und wenn Curth Flatow etwas Gutes oder Böses von sich gibt, wird es sofort kolportiert und entsprechend ausgewertet.

Und sie hat Recht! Stellen Sie sich vor, Sie erzählen, daß ich nicht in der Lage sei, diese zweitausend Pfennige aufzubringen oder nicht willens, weil ich nicht weiß, was die Zukunft bringen kann. Da würde ich dastehen wie Ferenczy: Insolvent, gebrochen und vom »Spiegel« verspottet – und dies nach fünfundvierzig Aufbaujahren! Es ist schwer zu verstehen und zu glauben, daß die Medien, die von Ferenczy beliefert wurden und die ihn in den letzten Jahren als tolle Figur hofierten, sich plötzlich von ihm abwendeten und ihn zur komischen Figur abstempelten …

Wird es wohl jedem von uns so gehen?

Empört bin ich über Ihre Zweifel, ob ich meine Rolle in dem Film »Kasachstanlady« künstlerisch ausreichend kreiert habe! Der Regisseur, der für mich den Film – den bedeutenden Film – »Von Hölle zu Hölle« inszenierte, hat mir sofort eine weitere Rolle angeboten – als einer der Brüder Karamasov von Dostojewski. Ich habe aber nicht zugesagt, weil ich mir vorbehalten habe, vorher zu erfahren, wer den anderen Bruder spielt, ob er als Darsteller eine ebenso gute Qualität abliefern würde, wie es bei mir der Fall ist und ob er einen Sinn für Klassik hat. Natürlich hätte man mir eher anbieten sollen, Beethoven zu verkörpern, da ich auch etwas schwerhörig bin, insbesondere wenn meine von Gott begnadete Frau mit offenen Handflächen vor mir steht und Zahlen nennt …

Erwarten Sie nicht, daß ich Ihnen exakt mitteile, wann der Film ausgestrahlt wird; fest steht, daß es Weihnachten sein soll. Ich halte es für viel wichtiger, daß Sie die Wochen vor Weihnachten systematisch die Programmankündigung ausfindig zu machen versuchen, um die Neugierde zu stimulieren.

Ich erhalte irrsinnig viele Einladungen in der letzten Zeit, und es werden immer mehr und mehr, was mich aber nicht abschreckt, da ich eine Wirtschafterin beschäftige, die die Post bearbeitet und damit ihr Geld verdient. Bei manchen Einladungen überlege ich, welche Antwort ich erteilen soll: »Ich komme« oder »Ich bin leider verhindert«. So habe ich also eine Einladung – wissend, das der Gastgeber es nicht unbedingt mögen wird – mit folgender Bemerkung zurückgesandt: »Ich komme – aber sehr ungern«. Eine andere Einladung habe ich beantwortet mit: »Ich bin leider NICHT verhindert«.

Empörend für mich ist, daß Sie bereits die Ansprache zu Ihrer Trauerfeier geschrieben haben, und ich bin auch nicht sicher, ob sie richtig ausgefallen ist. Ich schlage vor, daß Sie mir den Text zwecks Korrektur übermitteln. Nach erfolgter Korrektur können Sie den Inhalt getrost in eine Schublade schließen und diese nach zwanzig Jahren öffnen. Der Text dürfte noch immer zutreffend sein ... und Ihre Neugierde kennend, gehe ich davon aus, daß Sie diesen Zeitraum leicht durchhalten.

Ich bin angenehm überrascht, wie Sie über Ihre Frau schreiben, wie Sie sie sehen und bewundern. Passen Sie nur gut auf, daß man sie Ihnen nicht wegnimmt. Es gibt nämlich in Berlin ganze Battallione von Herren, die eine Gelegenheit suchen, an sehr reiche Frauen ranzukommen. Da Ihre Frau nicht nur reich, sondern auch hübsch ist und jung, wie Sie selbst zugeben, besteht akute Gefahr.

Wenn Sie wissen wollen, was ich am Tag leiste, so ist dies ganz leicht beantwortet: Am Tage mache ich einen müden Eindruck nach der durchgearbeiteten Nacht. Außerdem treffe ich Vorbereitungen für die jeweils bevorstehende Nacht mit dem Ergebnis, daß die Aktivitäten ganz verschieden ausfallen. Und letztendlich ist der Tag zum Schlafen da – schön wäre es, wenn es auch bei mir der Fall wäre ...

Am Ende folgendes Bonmot (und dieses hat seinen doppelten Sinn):

Ein Mann kommt zum Internisten und beklagt sich: »Herr Doktor, ich leide an Vergeßlichkeit.« Daraufhin der Arzt: »Seit wann, lieber Herr Gottlieb?« Darauf der Patient: »Wovon sprechen sie, Herr Doktor?«

Möge die Zeit stillstehen, mir würde es sehr gefallen. Ihnen auch? In diesem Sinne verbleibe ich für heute
mit den besten Grüßen

Ihr
Artur Brauner

Zu den Autoren

Artur (›Atze‹) Brauner,
geboren in Łodz (Polen), zählt zu den einflußreichsten Filmprodu-
zenten in Deutschland und ist Inhaber der CCC Filmkunst GmbH
mit Sitz in Berlin. Seit 1946 hat er über zweihundertfünfzig Spielfilme produziert, darunter die legendären Karl-May- und Edgar-
Wallace-Verfilmungen sowie eine Vielzahl zeitkritischer Produktionen, die sich – wie z. B. »Die Spaziergängerin von Sans Soucci«
(mit Romy Schneider) oder »Babij Jar« – kritisch mit der NS-Ver-
gangenheit auseinandersetzen. Die Liste seiner Auszeichnungen
liest sich wie eine Dokumentation der deutschen Nachkriegsfilm-
geschichte: Er erhielt den Bundesfilmpreis für »Der 20. Juli« (1955),
»Die weiße Rose« (1983) und »Der Rosengarten« (1989). 1955
und 1956 wurde er mit dem Goldenen Bären der Berliner Film-
festspiele für »Die Ratten« (mit Maria Schell) und »Vor Sonnenuntergang« geehrt, 1990 erhielt Brauner das Filmband in Gold für
hervorragende und langjährige Leistungen für den deutschen Film.
»Bittere Ernte« und »Hanussen« (mit Klaus Maria Brandauer) waren für den Golden Globe und den Oscar nominiert, »Hitlerjunge
Salomon« wurde 1992 mit dem Golden Globe ausgezeichnet und
für den Oscar nominiert. Den Grimme-Preis erhielt Brauner für
»Das schizophrene Leben des Alexander A.« sowie für »Der Ham-
mermörder«. Darüber hinaus ist Brauner seit 1972 Präsident der
Janusz-Korczak-Loge, seit 1989 Professor h.c. der Interamerican
University of Humanistic studies. Er ist Ehrenbürger der Stadt Łodz
und wurde u.a. mit dem Bundesverdienstkreuz und dem Deutschen
Videopreis ausgezeichnet. Artur Brauner ist seit 1947 mit Therese
(genannt Maria) verheiratet, hat zwei Töchter und zwei Söhne.

Curth Flatow,

geboren in Berlin, ist der wohl populärste deutsche Boulevard-Theater- und Fernsehautor, Verfasser zahlreicher erfolgreicher Kabarett-Revuen, Gedichte, Lieder und Chansons, Drehbücher, Rundfunktexte und Fernsehserien. Im Winter 1946/47 schrieb er – mit Handschuhen im Bett – die Liedertexte zu der musikalischen Komödie »Herzkönig«, die am Theater am Schiffbauerdamm herauskam. Die Hauptrolle spielte Rudolf Platte, der damals Intendant des Hauses war. 1953 bearbeitete Flatow mit Heinrich Riethmüller das musikalische Lustspiel »Bei Kerzenlicht« für die Berliner Komödie. 1959 schrieb er – zwischen zwei Drehbüchern – mit Horst Pillau »Das Fenster zum Flur« für Grete Weiser, die allerdings absagte. Inge Meysel sagte zu und wurde zur ›Mutter der Nation‹. Es folgten u. a. die Komödien »Das Geld liegt auf der Bank« (1968), »Der Mann, der sich nicht traut« (1973), »Durchreise« (1982), »Verlängertes Wochenende« (1990), »Ein gesegnetes Alter« (1996) und »Ein Mann – ein Wort« (1998). Seine Fernsehserien, u. a. »Ich heirate eine Familie« (mit Thekla Carola Wied und Peter Weck) und »Ein Mann für alle Fälle« (mit Harald Juhnke), machten Flatow auch für das Fernsehpublikum populär. Seine Komödien gehören zu den meistgespielten Stücken auf deutschsprachigen Bühnen und wurden auch in über zwanzig anderen Ländern erfolgreich in Szene gesetzt. Flatow ist Träger des Bundesverdienstkreuzes und wurde u. a. mit dem Telestar, der Goldenen Kamera und dem Professor e.h. der Stadt Berlin ausgezeichnet. Er ist in zweiter Ehe mit Brigitte Flatow verheiratet, hat eine Tochter und einen Sohn.

Personenregister

Ab Del Farrag, Nadja (Naddel)   116
Alexander, Peter   124, 129, 151
Almassy, Susanne von   58
Arafat, Jasir   66, 74–76
Astaire, Fred   30, 33, 76, 100
Ayckbourne, Alan   107

Bagdolio (Marshall)   130
Baky, Josef von   34, 124
Balcazar, Alphonso   152
Blatzheim, Hans Herbert   80
Balz, Bruno   76
Barker, Lex   152
Baum, Vicky   97
Becker, Barbara   55
Becker, Ben   25, 28, 30, 33
Becker, Boris   55
Beethoven, Ludwig van   22, 170
Bender, Henry   77
Bergman, Ingmar   163
Biederstaedt, Claus   24
Blobel, Paul   41, 120
Böse, Carl   50
Bohlen, Dieter   116
Bolvary, Geza von   72
Borsche, Dieter   152
Brauner, Alice (Tochter)   61, 115,
   118, 121, 127, 150
Brauner, David (Cousin)   41
Brauner, Fela (Schwester)   13
Brauner, Heinrich (Sohn)   61
Brauner, Maria   15, 20, 25, 28, 39,
   51, 55, 61, 80, 97, 104 f., 110,
   112, 115, 118, 121, 125–127,
   130 f., 134, 136, 138, 143, 146,
   148, 150 f., 163, 169 f.
Brauner, Sammy (Sohn)   61, 104, 118
Brauner, Wolf (Bruder)   164
Brauner-Rozen, Fela (Tochter)   61
Brunner, Yul   167
Buhlan, Bully   78, 110

Buhlan, Charlotte   78

Carisse, Chyd   76
Castorf, Frank   49
Chopin, Frédéric   61, 73
Cooper, Gary   150
Crosby, Bing (eigtl. Harry Lillis
   Crosby)   15, 17
Curtis, Tony   100, 102
Cziffra, Geza von   34

Dall, Karl   163 f.
Daum, Christoph   48
Davis jr., Sammy   117, 119
De Carlo, Yvonne   60, 63
Diepgen, Eberhard   26, 109, 116
Dieterle, Wilhelm (William)   151
Dietrich, Marlene   17, 19, 21, 24,
   27, 30, 61, 63, 149
Dostojewski, Fjodor M.   170
Douglas, Eric   98
Douglas, Joel   98
Douglas, Kirk   97 f., 100, 102, 104
Douglas, Michael   98, 104
Dregger, Alfred   138, 145
Dschingis Khan   120
Durbin, Deanna   19, 21

Elvers, Jenny   48, 116

Fehlow, Daniel   163
Ferenczy, Josef   170
Fieldman, Sally   157 f.
Finck, Werner   78
Fischer, O. W.   110, 150
Flatow, Alwine (Mutter)   59, 117
Flatow, Boris (Sohn)   155
Flatow, Brigitte (2. Ehefrau)   15 f.,
   18 f., 22, 24, 32, 43, 57, 63, 68,
   75, 101, 106–110, 112, 115, 121,
   126, 134, 154, 167, 171